Cocina selecta

Asados lo mejor

Más de 175 exquisitas recetas

Grupo Editorial Tomo, S.A. de C.V.,
Nicolás San Juan 1043,
03100 México, D.F.

I0894356

© Freshly Selected Barbecue

Published by:
R&R Publications Marketing Pty Ltd
ABN 78 348 105 138
PO Box 254, Carlton North, Victoria 3054 Australia

© Anthony Carroll

©2011, Grupo Editorial Tomo, S.A. de C.V.
Nicolás San Juan 1043, Col. Del Valle, 03100, México, D.F.
Tels. 5575.6615, 5575.8701 y 5575.0186 Fax: 5575.6695
http://www.grupotomo.com.mx
ISBN-13: 978-607-415-256-2
Miembro de la Cámara Nacional de la Industria Editorial No. 2961

Traducción: Lorena Hidalgo Zebadúa
Diseño de portada: Karla Silva
Formación tipógrafica: Armando Hernández
Supervisor de producción: Silvia Morales

Derechos reservados conforme a la ley
Ninguna parte de esta publicación podrá se reproducida o transmitida en cualquier forma, o por cualquier medio electrónico o mecánico, incluyendo fotocopiado, cassette, etc., sin autorización por escrito del editor titular del Copyright.

Este libro se publicó conforme al contrato establecido entre
R&R Publications Marketing Pty Ltd y
Grupo Editorial Tomo, S.A. de C.V.

Impreso en México - *Printed in Mexico*

cocina selecta

contenido

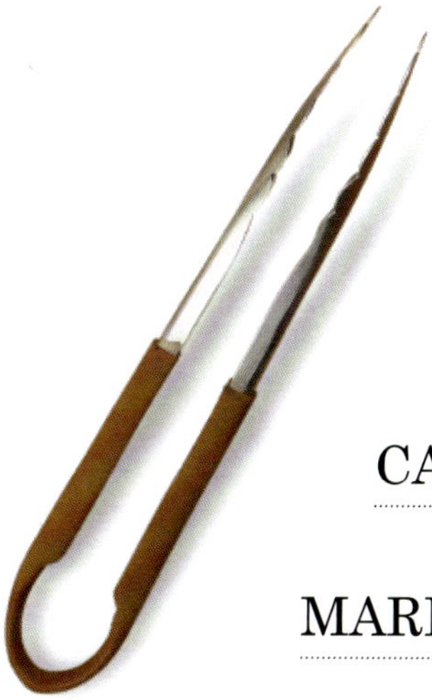

introducción

Originaria del Caribe y conocida como "hoguera sagrada" para cocinar animales enteros, la parrilla se ha abierto paso por la imaginación culinaria de todo el mundo y hoy en día es un método para cocinar muy popular y evolucionado. Desde el *churrasco* de Brasil al *braai* de Sudáfrica, desde el *yakiniku* japonés hasta la *aussie barbie* (parrillada australiana), la parrillada se ha vuelto una parte integral de la cocina de muchas personas. Si tomamos en cuenta los pros y los contras de los diferentes tipos de parrilladas, lo más seguro es que terminemos metidos en una larga discusión, aunque hay algo en lo que todos están de acuerdo: el amor por las parrilladas. De hecho, aunque los cocineros argumenten cuestiones técnicas, la mayoría de la gente que disfruta de una parrillada en un país la disfrutaría de igual manera en otro país.

¿Qué tienen las parrilladas que le gustan tanto a la gente? ¿Es el delicioso sabor ahumado que aportan a la comida? ¿Es la inconfundible marca de las barras de la parrilla? ¿Es porque reúnen a mucha gente y el cocinero es el centro de atención, en lugar de estar solo en la cocina? Es todo lo anterior y mucho más. Es esperar con ansia a que te traigan el siguiente corte de carne a la mesa en un *rodízio* en Rio. Es compartir un *boerewors* en el estacionamiento antes de un partido de rugby en Pretoria. Es una docena de personas sentadas a la sombra de los cerezos japoneses en primavera donde todas ayudan a cocinar el *yakiniku*. Es relajarse durante un caluroso día de verano con una hielera llena de cervezas y una parrilla llena de salchichas.

Para muchas personas, es el acto atemporal de reunirse y cocinar alrededor del fuego. Para algunas, no es correcto cocinar en una parrilla de gas. ¿Cómo es posible que la comida preparada en una parrilla de gas tenga el delicioso sabor de los alimentos cocidos sobre madera ardiendo? Al principio puede parecer una objeción legítima, pero es más que nada una cuestión romántica y sentimental. La verdad es que se puede preparar comida deliciosa en parrillas de carbón igual que en las de gas, sólo tienes que aprender la manera de obtener los resultados que deseas.

Métodos de preparación

Con la llegada de las parrillas con tapa se abrieron nuevos horizontes para la manera de cocinar a la parrilla y ahora podemos preparar alimentos que nunca antes imaginamos que prepararíamos en las parrillas tradicionales. Hoy podemos cocinar carnes lentamente asadas sobre fuego indirecto, de manera que se vuelven suaves y no pierden humedad durante la cocción. El uso de fuego indirecto o directo depende del tipo de alimentos que prepares y del estilo que quieras crear.

El fuego directo se usa para sellar los alimentos, así no se escapan los jugos naturales y da el característico aspecto de parrillada. Los alimentos bajos en grasa, como las aves y los pescados, y los que requieren poco tiempo para cocerse son opciones ideales para este método. Dentro de esta categoría tenemos las hamburguesas, las chuletas, las verduras, las brochetas y los filetes de pescado.

Los recientes avances en los diseños de las parrillas se han centrado en el método de cocción por fuego indirecto y han producido resultados sorprendentes. Ahora puedes preparar alimentos a la parrilla que antes no podías ni imaginar. Filetes de costilla, pavos y pollos enteros se cocinan de manera espectacular sin necesidad de voltearlos. Los alimentos que tradicionalmente se asaban lentamente en el horno con mucho líquido de cocción ahora pueden prepararse en exteriores. Esto es gracias a que la comida se coloca sobre una charola que recoge los líquidos y no tiene fuego directo debajo de ella. Todo el calor circula alrededor de los alimentos, de manera similar a la de los hornos convencionales. Así que no necesitas voltear un asado grande, por ejemplo, puesto que la velocidad de cocción es la misma en la parte superior que en la parte inferior. Claro que puedes voltear los cortes más pequeños para obtener un color uniforme y las maravillosas marcas que da la parrilla.

La variedad es el condimento de la vida

Cuando mezclas tu técnica favorita para cocinar con nuestras diferentes especias, salsas o marinadas, las posibilidades son infinitas. Añade a tus recetas un toque especial con especias calientes para untar. Deja que las marinadas hagan maravillas en tu carne al suavizarla y llenarla de extravagantes sabores, ya sea con miel picante y chile o satay, tandoori condimentado o vino tinto con ajo.

También puedes usar ingredientes naturales para aumentar el sabor ahumado que te regala la parrilla. Antes de que empieces a cocinar pon en el carbón ramitas de hierbas frescas, trocitos de madera o ralladura de cítricos, remojados en vino o en agua. No sólo das aroma a la comida, sino que llenas el ambiente con aromas excepcionales.

Equipo

El mundo de cocinar al aire libre ha cambiado mucho desde los días en que se sostenían unas cuantas salchichas sobre una fogata. Ahora, unas sencillas herramientas te ayudarán a cocinar casi cualquier cosa a la parrilla, mientras que los importantes avances en los diseños de las parrillas te permiten producir más ricos alimentos de los que alguna vez soñaste. Una charola para recolectar el jugo y un termómetro digital, que no son muy caros, son esenciales para preparar recetas más sofisticadas. La mejor opción es que compres charolas desechables de aluminio que puedes desechar después de utilizarlas.

Por lo general no es necesario equipo extra —en la mayoría de los casos puedes utilizar los utensilios comunes de la cocina—, pero ten en cuenta que cocinar a la parrilla puede pasar factura a los utensilios que no están específicamente diseñados para ese uso. Aunque no es necesario que compres mucho equipo para disfrutar las parrilladas, sí puede ser útil que tengas algunos utensilios especiales para cocinar en exteriores.

Probablemente, las pinzas sean la herramienta más útil y versátil que puedes comprar. Usa unas que tengan 30 cm de largo como mínimo y que sean accionadas por resorte. No es mala idea tener dos pares de pinzas —unas para mover el carbón cliente y otras para usarlas con la comida.

Otra herramienta muy útil es una buena espátula larga. La ventaja de la hoja larga es que se desliza por debajo de cualquier alimento grande y así es más fácil voltearlo. Muchas veces, las espátulas vienen con un extremo filoso para rebanar y dientes para perforar —también resultan muy útiles.

No debe faltar un cepillo para la parrilla. Se recomienda que cepilles la parrilla antes de engrasarla y después de cocinar, mientras la parrilla sigue caliente, para retirar cualquier partícula de alimento o trozos de comida quemada. Si lo haces constantemente no será necesario que limpies la parrilla con un líquido limpiador, lo cual afecta el sabor de los alimentos.

Las parrillas dobles sostienen los filetes de pescado, la carne para hamburguesas o el pan entre dos parrillas sujetas por un seguro. Sólo se coloca la comida entre las parrillas y después sobre el fuego. Cuando el alimento está cocido por un lado, se voltea. Debes engrasar ligeramente la parrilla antes de colocar la comida.

Se recomienda que tengas a la mano todos los utensilios para la parrilla antes de que enciendas el fuego. Si usas carbón, siempre ten un poco extra —no hay nada más frustrante que darte cuenta de que el fuego está flojo antes de que la comida esté lista, y que no haya más carbón.

¡Vamos a cocinar!

Aunque tradicionalmente las parrilladas eran exclusivas para los carnívoros, actualmente los vegetarianos no tienen por qué sentirse excluidos. Hemos incluido toda una sección dedicada a las maravillosas combinaciones que sólo las verduras, las frutas, los quesos y los cereales pueden ofrecer. No te olvides de prepararlas aunque no haya ningún vegetariano presente —dan el toque final a la comida y son deliciosas.

Hacer una parrillada es una manera excelente de pasar la tarde de un fin de semana, de celebrar una ocasión especial como un cumpleaños o un día festivo. Pero no sólo uses tu parrilla en dichas ocasiones; no es mala idea preparar una cena a la parrilla cualquier día de la semana. Pensarás que estás celebrando un día festivo, crearás una rica alternativa al preparar tus alimentos en la cocina y ¡tendrás menos utensilios que lavar!

A todos les gusta la comida a la parrilla, y con estas sencillas recetas y consejos podrás crear los mejores platillos a la parrilla.

cocina selecta

carne roja

FILETE DE RES CON CHILE, CHÍCHAROS Y SALSA DE AGUACATE

Ingredientes

350g de filete de res
2 cucharadas de aceite vegetal, extra para cocinar
1 cucharadita de chile en polvo
4 papas pequeñas, cortadas en rodajas
½ pimiento verde, picado
2 cebollas de cambray, rebanadas
¼ taza de menta, finamente rebanada
2 cucharadas de jugo de limón verde

Salsa de aguacate

125g de chícharos frescos o congelados
1 aguacate, picado

Preparación

1 En un platón colocar la carne de res y frotar con una mezcla de aceite y chile. Reservar durante 20 minutos para marinar.

2 Para hacer la salsa de aguacate, en agua hirviendo cocer los chícharos hasta que estén suaves, colar y enjuagar bajo el chorro de agua fría. Colocar en un tazón con el resto de los ingredientes, sazonar al gusto, revolver ligeramente para mezclar y reservar.

3 Calentar la parrilla a intensidad alta, asar la carne de 2 a 3 minutos por lado o hasta el término deseado. Retirar de la parrilla, tapar con papel aluminio, dejar reposar durante 10 minutos antes de rebanar.

4 Recalentar la parrilla y asar las rebanadas de papa de 5 a 8 minutos por lado, barnizar con aceite extra, hasta que estén suaves y crujientes.

5 Servir las papas con la carne de res encima y una cucharada de salsa. **Porciones 4**

HAMBURGUESAS DE RES CON TOCINO

Ingredientes

700g de carne magra de res, molida
3 cebollas de cambray, picadas
1 manojo pequeño de cebollín, picado
1 huevo, ligeramente batido
2 cucharadas de salsa de tomate
1 cucharada de salsa inglesa
1 cucharada de salsa de chile
100g de queso mozzarella, rallado
4 tiras de tocino, sin grasa
Aceite para cocinar

Preparación

1 En un tazón colocar la carne de res, las cebollas de cambray, los cebollines, el huevo, la salsa de tomate, la salsa inglesa y la salsa de chile, mezclar. Formar ocho tortitas con la mezcla de la carne. Colocar el queso mozzarella encima de cuatro tortitas, colocar encima las cuatro tortitas restantes y pellizcar las orillas para sellarlas. Enrollar una tira de tocino alrededor de cada tortita y asegurarla con un palillo. Colocarlas en un plato y refrigerar durante 2 horas o hasta que las tortitas estén firmes.

2 Precalentar la parrilla a intensidad media. Colocar las tortitas en una rejilla doble engrasada y asar de 10 a 15 minutos o hasta que las tortitas estén cocidas al gusto y el queso se derrita. **Porciones 4**

La rejilla doble es un utensilio para la parrilla muy útil. Es ideal para cocinar alimentos frágiles y delicados como pescado —entero, filetes y cortes— y hamburguesas que pueden desmenuzarse al voltearlas.

FILETE DE RES CON CHILE, CHÍCHAROS Y SALSA DE AGUACATE

SALTEADO DE RES CON SALSA BARBECUE

Ingredientes

500g de bisteces de diezmillo
½ taza de salsa barbecue preparada
2cm de jengibre, finamente rallado
2 cucharadas de salsa de soya
4 cebollas de cambray
1 pimiento rojo
1 pimiento amarillo
1 pimiento verde
2 cucharadas de aceite de ajonjolí

Preparación

1 Cortar la carne en rebanadas muy finas siguiendo la textura, se puede semicongelar la carne para facilitar el rebanado. Mezclar la salsa barbecue, el jengibre y la salsa de soya, verter sobre la carne. Cortar las cebollas de cambray en tiras a lo largo. Cortar los pimientos a la mitad, retirar los centros y rebanar en tiras delgadas.

2 En un wok o en una sartén de base gruesa, colocado sobre la parrilla, calentar 1 cucharada del aceite. Saltear revolviendo las cebollas de cambray y las rebanadas de pimiento durante 2 minutos. Retirar del wok y reservar. Calentar el resto del aceite en un wok o sartén y saltear revolviendo a fuego alto la carne dividida en tres tandas durante 1 minuto o hasta que esté cocida por fuera. Devolver la carne y las verduras al wok. Saltear revolviendo a fuego alto para calentar y servir de inmediato. **Porciones 4**

El diezmillo de res es un corte más duro de manera que se corta en rebanadas delgadas y se cuece a fuego alto para que esté suave.

FILETES CAJÚN

Ingredientes

4 bisteces de sirloin o filete de res
Aceite para cocinar

Mezcla de especias cajún

1 cucharada de paprika dulce
1 cucharadita de granos de pimienta negra, machacados
1 cucharadita de tomillo molido
1 cucharadita de orégano molido
¼ cucharadita de chile en polvo

Salsa de piña y chile

½ piña, pelada, picada
2 cebollas de cambray, picadas
¼ taza de cilantro, picado
1 chile rojo fresco, picado
1 cucharada de azúcar morena
1 cucharada de vinagre blanco

Preparación

1 Precalentar la parrilla a intensidad alta. Retirar el exceso de grasa de la carne. En un tazón mezclar la paprika, los granos de pimienta negra, el tomillo, el orégano y el chile en polvo. Frotar la mezcla de las especias en la carne. Reservar.

2 Para hacer la salsa, en un tazón colocar la piña, las cebollas de cambray, el cilantro, el chile, el azúcar y el vinagre, revolver para mezclar. Reservar.

3 Engrasar ligeramente la parrilla, colocar la carne y asar de 3 a 5 minutos por lado o hasta que tome el término deseado. Servir con la salsa. **Porciones 4**

Para verificar que la carne esté cocida al punto deseado, presionarla con unas pinzas sin filo. Evitar cortar la carne puesto que se escapan los jugos. La carne roja se siente suave, la carne término medio se siente menos suave y la carne bien cocida se siente firme. Un corte de 2.5cm de grueso tarda aproximadamente 3 minutos por lado para tener término rojo; 4 minutos para término medio; y 5 minutos para término bien cocido.

COSTILLAS DE RES ASADAS

Ingredientes

1½ kg de costillas de res

Marinada

2 cucharadas de salsa de soya

6 cucharadas de aceite de oliva

2 cucharadas de mostaza picante

1 cucharada de jugo de limón amarillo

½ cucharadita de chile en polvo

1 diente de ajo, machacado

Pimienta negra

1 cebolla, en rebanadas gruesas

Preparación

1 Cortar las costillas en porciones individuales. Mezclar la salsa de soya, el aceite, la mostaza, el jugo de limón, el chile en polvo, el ajo y la pimienta. Verter la marinada sobre las costillas, colocar algunas rebanadas de cebolla entre las costillas. Dejar marinar durante 24 horas, voltear de vez en cuando.

2 Asar en la parrilla con carbón caliente durante 20 minutos o hasta que estén bien cocidas. Servir con salsa barbecue. Porciones 4

COSTILLAS DE RES ESTILO SEVILLA

Ingredientes

8 costillas de res

¼ taza de mermelada de naranja

1 cucharada de azúcar morena

2 cucharadas de jugo de naranja fresco

½ cucharadita de clavos, molidos

1 taza de arroz blanco de grano largo

½ cucharadita de cúrcuma (condimento parecido al azafrán y al jengibre), molida

1 cebolla grande, finamente rebanada

500g de brócoli, cortado en racimos

¼ taza de agua

2 cucharadas de vinagre blanco

½ taza de pasas

½ taza de almendras fileteadas o nueces, picadas

Preparación

1 Quitar el exceso de grasa de las costillas. En una cacerola pequeña colocar la mermelada, el azúcar morena, el jugo de naranja y los clavos. Revolver a fuego lento hasta que el azúcar se disuelva. Precalentar la parrilla a intensidad media-alta.

2 En una cacerola grande hervir 8 tazas de agua. Añadir el arroz, la cúrcuma y la cebolla, cocer durante 10 minutos. Agregar el brócoli y cocer durante 5 minutos más.

3 Mientras, colocar las costillas separadas sobre la parrilla. Asar durante 10 minutos, mezclar el agua con el vinagre para barnizarlas con regularidad, voltear ocasionalmente. Bañar con la mezcla de la mermelada, asar durante 5 minutos más.

4 Colar el arroz, mezclar con las pasas y las almendras o nueces.

5 Servir las costillas con el arroz amarillo y el resto de la mermelada. Porciones 4

FILETES DE RES CUBIERTOS

Ingredientes

4 filetes de res de corte grueso (T-bone, sirloin o filete)

2 dientes de ajo, machacados

2 cucharaditas de aceite de oliva

1 cucharadita de pimienta negra recién molida

Para la cubierta

4 rebanadas de pan blanco, sin costras

2 cebollas de cambray

20g de mantequilla

¼ taza de perejil

1 cucharada de jugo de limón amarillo

Sal y pimienta negra recién molida

Preparación

1 Retirar el exceso de grasa de la carne. Mezclar el ajo, el aceite y la pimienta, con los dedos untar ambos lados de la carne con la mezcla. Reservar durante 20 minutos.

2 En un procesador de alimentos colocar los ingredientes para la cubierta y licuar hasta que estén finamente picados. Reservar.

3 Precalentar la parrilla. Colocar la carne sobre papel encerado y asar de 3 a 4 minutos, dependiendo del grosor y del término deseado.

4 Abrir la parrilla y cubrir cada bistec con una capa de la mezcla. Tapar con una hoja de papel encerado, cerrar la parrilla y asar durante 30 segundos o hasta que la cubierta esté dorada. Servir de inmediato con guarnición. **Porciones 4**

FILETES RELLENOS

Ingredientes

4 bisteces de sirloin

1 taza de salsa de soya

1 racimo de cebollas de cambray

Preparación

1 Aplanar cada bistec hasta obtener un grosor uniforme de 1 cm. En un recipiente grande colocar los filetes, verter encima la salsa de soya y bañar por ambos lados. Dejar marinar durante 15 minutos.

2 Mientras, en una cacerola poner las cebollas con suficiente agua hirviendo para cubrirlas, colar de inmediato y enfriar.

3 Retirar los bisteces de la marinada y extenderlos sobre una superficie plana. Colocar ¼ de las cebollas de cambray a lo largo en el centro de cada filete. Enrollar los bisteces a lo ancho y asegurarlos con palillos o con un cordón.

4 Colocar los rollos en la parrilla, entre 10 y 15 cm por encima del carbón. Asar de 10 a 12 minutos para término rojo o 20 minutos para término medio, voltear frecuentemente. Para servir, cortar los rollos en 8 piezas diagonales, retirar los palillos o el cordón. Porciones 4

FILETES CON CHABACANO

Ingredientes

4 filetes de diezmillo, magros

250g de chabacanos de lata, en mitades, colados

½ taza de piña, machacada

1½ tazas de vinagre blanco

½ cucharadita de jengibre, molido

1 cucharadita de canela

2 cucharaditas de salsa de soya

1 taza de arroz

½ –1 cucharadita de curry en polvo

¼ taza de suero de leche

4 cebollas de cambray, rebanadas

1 zanahoria, rallada

1 taza de granos de elote

Preparación

1 Retirar el exceso de grasa de la carne. En un procesador de alimentos licuar los chabacanos y la piña. Colocar la mezcla en una cacerola junto con el vinagre, el jengibre, la canela y la salsa de soya. Dejar que suelte el hervor, reducir el fuego y cocinar a fuego lento durante 5 minutos.

2 Aplanar ligeramente los filetes. Verter la mezcla de los chabacanos sobre la carne, dejar marinar durante 5 minutos. Colar y reservar la marinada.

3 Precalentar la parrilla a intensidad alta. Asar los filetes a intensidad alta de 2 a 3 minutos por lado. Reducir a fuego medio y asar de 4 a 5 minutos por lado, barnizando con el resto de la marinada. Mientras, cocer el arroz siguiendo las instrucciones del paquete.

4 Mezclar el curry en polvo con el suero de leche, revolverlo con el arroz cocido, las cebollas de cambray, la zanahoria y los granos de elote. Servir acompañados de ensalada. Porciones 4

La carne de res puede marinarse con antelación.

HAMBURGUESAS DELUXE

Ingredientes

Para las tortitas

400g de carne molida de res, magra
1 cebolla pequeña, finamente picada
½ taza de pan molido, seco
½ cucharadita de sal
¼ cucharadita de pimienta
3 cucharadas de salsa barbecue o salsa de tomate
1 cucharada de agua
Aceite para cocinar

Pan y rellenos

4 bollos para hamburguesa
40g de mantequilla, suavizada para untar
4 hojas de lechuga, lavadas, coladas
¼ taza de salsa de tomate
1 cebolla mediana, finamente rebanada, asada en la parrilla
4 rebanadas de queso cheddar
1 manojo pequeño de rúcula, lavada, colada
½ taza de pepinillos

Preparación

1 Mezclar todos los ingredientes para las tortitas, amasar con las manos para incorporar de manera uniforme. Reservar y refrigerar durante 20 minutos. Con las manos mojadas formar 4 tortitas planas de 8 cm de diámetro.

2 Calentar la parrilla a intensidad alta, engrasar la parrilla, colocar las tortitas y asar de 5 a 6 minutos por lado. Barnizar con un poco de aceite mientras se asan.

3 Abrir los bollos y untar con un poco de la mantequilla suavizada. Colocar los bollos en la parrilla con la mantequilla hacia abajo hasta que tomen un color dorado. Para armar las hamburguesas, colocar la lechuga en la parte inferior del interior del bollo, colocar encima la carne, la salsa de tomate, las cebollas, la rebanada de queso, de 3 a 4 hojas de rúcula y pepinillos. Tapar con la parte superior del bollo. **Porciones 4**

BULGOGI COREANO

Ingredientes

500g de bistec de pulpa
4 dientes de ajo, machacados
1cm de jengibre, finamente rallado
¼ taza de salsa de soya
3 cucharadas de miel
1 cucharada de salsa de chile dulce
2 cucharadas de aceite de ajonjolí
2 cebollas, rebanadas
125g de germen de soya
2 cucharadas de semillas de ajonjolí

Preparación

1 Retirar el exceso de grasa de la carne y cortar en rebanadas finas. En un tazón colocar el ajo, el jengibre, la salsa de soya, la miel y la salsa de chile, mezclar para combinar. Añadir la carne de res, revolver para bañarla, tapar y marinar en el refrigerador durante 4 horas.

2 Precalentar la parrilla a intensidad alta. En una plancha calentar 1 cucharada del aceite, añadir la carne de res y freír revolviendo de 1 a 2 minutos o hasta que la carne apenas cambie de color. Colocar la carne a un lado de la parrilla para mantenerla caliente.

3 Calentar el resto del aceite en la plancha, añadir las cebollas y el germen de soya, freír revolviendo de 4 a 5 minutos o hasta que las cebollas estén doradas. Añadir la carne a la mezcla de las cebollas y freír revolviendo de 1 a 2 minutos más. Espolvorear las semillas de ajonjolí y servir de inmediato. **Porciones 4**

Servir con arroz blanco o integral hervido y ensalada verde.

FILETES DE RES CON MOSTAZA Y AJO

Ingredientes

500g de filete de res
2 dientes de ajo
2 cucharadas de pimienta negra machacada
¼ taza de perejil, picado
2 cucharadas de mostaza de grano entero
1 cucharada de aceite de oliva
Ramitas de romero para decorar

Preparación

1 Retirar y eliminar la grasa de la carne. Mezclar el ajo, la pimienta, el perejil, la mostaza y el aceite, untar la mezcla sobre la carne.

2 Encender los calentadores laterales de la parrilla y precalentarla a intensidad media. Colocar la carne en la plancha, en el centro de la parrilla, lejos del fuego directo. Tapar y cocer durante 15 minutos o hasta que tenga el término deseado.

3 Retirar de la parrilla y dejar reposar entre 10 y 15 minutos antes de cortar en rebanadas finas. Servir con verduras asadas y decorar con ramitas de romero. **Porciones 4**

Tiempo aproximado de cocción para un filete de res entero:

Filete grueso		Filete delgado	
Rojo	14 minutos por cada 500g	Rojo	10 minutos por cada 500g
Medio	16 minutos por cada 500g	Medio	12 minutos por cada 500g
Bien cocido	18 minutos por cada 500g	Bien cocido	15 minutos por cada 500g

BROCHETAS DE RES CON CURRY

Ingredientes

600g de bistec de pulpa
1 cucharadita de comino molido
1 cucharadita de cilantro molido
1–2 cucharaditas de curry en polvo
1 cucharadita de garam masala (mezcla de especias aromáticas de la cocina hindú)
2 dientes de ajo, machacados
2 cucharadas de jugo de limón amarillo
4 pepinos, en rebanadas de 1.5cm
1 taza de arroz
Ensalada de verduras al gusto
200g de yogur natural bajo en grasa

Preparación

1 Retirar el exceso de grasa de la carne. Cortar la carne en cubos de 3 cm, mezclar las especias junto con el ajo y el jugo de limón, marinar la carne con la mezcla durante 10 minutos.

2 Precalentar la parrilla a intensidad alta. Encajar los trozos de carne en 8 brochetas alternando con el pepino.

3 Asar las brochetas de 4 a 6 minutos por lado. Cocer el arroz siguiendo las instrucciones del paquete. Preparar la ensalada al gusto.

4 Servir las brochetas con el arroz, la ensalada y el yogur. **Porciones 4**

FILETES DE RES BORRACHOS

Ingredientes

4 bisteces de sirloin
Marinada borracha
180ml de cerveza
2 dientes de ajo, machacados
60ml de salsa inglesa
60ml de salsa de tomate
Aceite para cocinar

Preparación

1 Retirar el exceso de grasa de la carne. En un recipiente grande de cerámica o de vidrio mezclar la cerveza, el ajo, la salsa inglesa y la salsa de tomate.

2 Añadir los bisteces a la marinada, voltear para cubrir bien, reservar y dejar marinar a temperatura ambiente durante 3 horas mínimo, o durante toda la noche en el refrigerador. Voltear ocasionalmente mientras se marinan.

3 Precalentar la parrilla a intensidad alta. Colar los bisteces y reservar la marinada. Engrasar ligeramente la parrilla y asar los bisteces, barnizando con la marinada, de 3 a 5 minutos por lado o hasta que tomen el término deseado. Servir de inmediato. **Porciones 4**

ASADO ESCOCÉS DE FILETE GLASEADO

Ingredientes

700g de rib eye en trozo
Sal y pimienta negra recién molida
2 cucharadas de aceite de oliva
5 papas medianas
1 diente de ajo, machacado
2 cucharadas de pesto de tomates deshidratados
1 cucharada de agua
1 cucharada de aceite de oliva
½ taza de marinada de vino tinto y ajo (ver página 88)

Preparación

1 Retirar el exceso de grasa de la carne, frotar con sal, pimienta y dos cucharadas de aceite de oliva, atar con un cordón a intervalos de 2.5cm para mantener la forma.

2 Pelar las papas, cortarlas a la mitad y rebanar en 4–6 piezas. Enjuagar bien, colar y ponerlas en un tazón grande. Mezclar el ajo, el pesto de tomate, el agua y 1 cucharada de aceite de oliva, verter sobre las papas y cubrirlas bien con la mezcla. En un recipiente grande de aluminio colocar las papas en una sola capa.

3 Encender la parrilla para cocción indirecta. Colocar la carne sobre la charola para recolectar el jugo y colocar la tapa. Cocinar durante 40 minutos sin voltear, comenzar a barnizar con la marinada cada 10 minutos. Cocer durante 60 minutos en total para término rojo, 80 minutos para término medio. Colocar las papas sobre el fuego directo durante los últimos 40 minutos de cocción (al comenzar a barnizar con la marinada). Voltear las papas después de 20 minutos.

4 Dejar reposar la carne, tapada con papel aluminio, durante 10 minutos antes de cortar. Rebanar y servir con las rodajas de papas y verduras o ensalada al gusto. **Porciones 4**

SALCHICHAS A LA MEXICANA

Ingredientes

500g de salchichas de res, gruesas

110g de totopos, ligeramente machacados

300g de salsa de tomate

100g de queso cheddar, rallado

Preparación

1 Calentar la parrilla a intensidad alta para fuego indirecto y a intensidad media para fuego directo, asar las salchichas. Cuando estén listas abrir cada salchicha por la mitad, sin separarlas, espolvorear encima los totopos, colocar una cucharada grande de salsa y queso rallado encima. Devolverlas a la parrilla.

2 Bajar la tapa de la parrilla y cocer hasta que el queso se derrita, aproximadamente 1 minuto. **Porciones 4**

COSTILLAS ASADAS ESTILO COREA

Ingredientes

12 costillas de res, de 7cm de largo

Para la marinada

1½ tazas de salsa de soya

3 cucharadas de semillas de ajonjolí, tostadas

3 cucharaditas de azúcar

1 cucharadita de chile

3 dientes de ajo grandes, machacados

Preparación

1 Colocar las costillas en una bolsa de plástico grande. Mezclar la salsa de soya, las semillas de ajonjolí, el azúcar, el chile y el ajo, verter la mezcla sobre las costillas.

2 Presionar la bolsa para sacar el aire, cerrar bien. Refrigerar durante 4 horas, volteando la bolsa ocasionalmente.

3 Sacar las costillas y asar a 10 cm del carbón caliente durante 15 minutos, o hasta que las costillas estén doradas y crujientes. Voltear las costillas ocasionalmente. **Porciones 4**

FILETE GLASEADO CON SALSA DE HONGOS PORCINI

Ingredientes

4 bisteces de rib eye

100g de hongos porcini secos

300g de champiñones frescos, rebanados

1 cucharada de aceite de oliva

20g de mantequilla sin sal

1 cucharada de salsa de soya

1 cucharada de pasta miso blanca (condimento japonés hecho con soya y cereales)

Preparación

1 Quitar la grasa de los bisteces.

2 En un tazón colocar los hongos secos con una taza de agua hirviendo, dejar reposar durante 30 minutos para que se rehidraten. Reservar el líquido.

3 En una cacerola mediana a fuego medio saltear los champiñones frescos junto con el aceite de oliva y la mantequilla durante 3 minutos, revolviendo ocasionalmente. Añadir los hongos porcini y el líquido reservado, después la salsa de soya y la pasta miso, revolver para mezclar.

4 Hervir a fuego lento durante 10 minutos o hasta que el líquido obtenga una consistencia de salsa, mantener caliente.

5 Precalentar la parrilla a intensidad alta. Bañar los bisteces con un poco de la salsa de champiñones, asar de 2 a 3 minutos por lado. Reducir la intensidad a media, barnizar los bisteces con la salsa de champiñones y seguir asando hasta que la carne tome el término deseado. Servir la carne con puré de papas en invierno o con una ensalada fresca en verano. **Porciones 4**

HAMBURGUESAS TERIYAKI

Ingredientes

600g de carne molida de res

4 cebollas de cambray, picadas

⅓ taza de salsa teriyaki (ver página 116)

Bollos

50g de mantequilla

1 cucharada de salsa teriyaki (ver página 116)

¼ cucharadita de ajo en polvo

4 bollos pequeños

Preparación

1 Mezclar la carne molida, las cebollas de cambray y la salsa teriyaki, formar 4 tortitas ovaladas. Poner las tortitas en la parrilla y asar a 10 –13 cm del carbón caliente durante 6 minutos por lado hasta que estén cocidas. Colocar dentro de los bollos pequeños.

Para los bollos

1 En una cacerola pequeña colocar la mantequilla, la salsa teriyaki y el ajo en polvo, calentar hasta que la mantequilla se derrita. Cortar cada bollo a la mitad. Colocar los bollos sobre la parrilla con el corte hacia abajo, de 10 a 13 cm del carbón. Untar la mezcla de la mantequilla en los bollos tostados. Colocar cada tortita en el centro de los bollos. **Porciones 4**

FILETE RELLENO DE MANZANAS Y CHILE

Ingredientes

1kg de filete en trozo

¾ de marinada de miel y chile (ver más abajo)

Aceite para cocinar

Marinada de miel y chile

3 cucharadas de miel

1 diente de ajo, machacado

¼ taza de salsa de soya

2 cucharadas de salsa de chile dulce

Relleno

20g de mantequilla

1 cebolla pequeña, en rebanadas finas

2 tiras de tocino, sin grasa, picadas

1 chile rojo pequeño, picado

1 manzana, rebanada, con piel

Preparación

1 Cortar una cavidad hacia abajo en el trozo de filete. Colocar en un recipiente que no sea de metal y bañarlo generosamente con la marinada. Tapar y refrigerar durante 24 horas.

2 Para preparar el relleno, en una sartén pequeña calentar el aceite, añadir la cebolla y el tocino y freír durante unos minutos, agregar el chile y la manzana. Revolver bien y freír durante 3 minutos más. Dejar enfriar. Retirar la carne de la marinada y secar con papel absorbente. Colocar el relleno dentro de la cavidad y cerrarla con un palillo largo o con un cordón.

3 Preparar la parrilla para fuego indirecto y a intensidad media-alta. Engrasar la parrilla y colocar la carne sobre la charola para recolectar el jugo, tapar o bajar la tapa de la parrilla y cocinar durante 50 minutos. Levantar la tapa y barnizar con la marinada cada 15 minutos hasta que el tiempo total de cocción sea de 1½–2 horas. Dejar reposar la carne envuelta en papel aluminio durante 15 minutos antes de cortar. Rebanar y servir con verduras asadas. **Porciones 4**

Marinada de miel y chile

1 En un tazón mezclar todos los ingredientes y revolver bien. **Rinde ¾ de taza aproximadamente**

Marinar durante mucho tiempo hace que la carne se suavice.

ENSALADA CALIENTE DE RES

Ingredientes

- 2 bisteces de sirloin de res, de 2.5cm de grueso
- 1 diente de ajo, machacado
- 1 chile, desvenado, sin semillas, picado
- 2 cucharaditas de aceite, y extra para cocinar
- Sal y pimienta negra
- Ensalada verde para acompañar

Aderezo de hierbas

- 2 cucharaditas de pesto (salsa preparada con ajo, albahaca, piñones y aceite de oliva)
- 1 chile, desvenado, sin semillas, picado
- ¼ taza de perejil, picado
- 2 cebollas de cambray, picadas
- ½ taza de aceite de oliva
- ¼ taza de vinagre

Preparación

1 Colocar la carne en un recipiente hondo. Mezclar el ajo, el chile, el aceite, sal y pimienta, verter la mezcla sobre la carne. Tapar y dejar reposar durante 30 minutos.

2 Engrasar la parrilla y calentarla a intensidad alta. Sellar la carne durante 2 minutos por lado, bajar un poco la intensidad de la parrilla o colocar la carne en un extremo menos caliente, asar durante 8 minutos por lado. Barnizar con la marinada durante la cocción. Dejar reposar unos 5 minutos antes de rebanar.

3 Cortar la carne en rebanadas finas, colocar las rebanadas en un plato con ensalada verde. Mezclar los ingredientes del aderezo y verter sobre la carne. Servir de inmediato. **Porciones 4**

BISTEC DE T-BONE

Ingredientes

4 filetes de T-bone
2 dientes de ajo, machacados
2 cucharaditas de aceite
Sal y pimienta
Aceite para cocinar

Mantequilla de ajo
60g de mantequilla
1 diente de ajo, machacado
1 cucharada de perejil seco
2 cucharaditas de jugo de limón amarillo

Preparación

1 Dejar los bisteces a temperatura ambiente. Mezclar el ajo, el aceite, la sal y la pimienta. Untar la mezcla en los bisteces, por ambos lados. Dejar reposar de 10 a 15 minutos a temperatura ambiente. Mezclar los ingredientes de la mantequilla de ajo, colocarla en un recipiente pequeño y reservar.

2 Calentar la parrilla a intensidad alta, engrasar la parrilla. Colocar los bisteces en la parrilla y sellar durante 1 minuto por lado. Moverlos a un extremo menos caliente para que se cuezan a fuego medio o bajar la intensidad. Si no se puede regular la intensidad, elevar la parrilla. Asar de 5 a 6 minutos en total para término rojo, de 7 a 10 minutos para término medio y de 10 a 14 minutos para bien cocido. Voltear durante la cocción.

3 Servir en un plato caliente y colocar encima una cucharada de la mantequilla de ajo. Servir con papas. Porciones 4

Para suavizar la carne mezclar vinagre de malta y aceite para cocinar, untar en la carne y dejar reposar durante 2 horas.

SIRLOIN RELLENO DE CHAMPIÑONES

Ingredientes

700g de trozo de sirloin de res
1 cebolla pequeña
150g de champiñones
1 cucharada de aceite
1 cucharadita de tomillo seco
Sal y pimienta
1 cucharada de miel
1 cucharada de mostaza
6 tiras de tocino

Preparación

1 Quitar y eliminar la grasa de la carne. Cortar una cavidad en el centro de la carne, a 3 cm de los extremos, aproximadamente. Pelar la cebolla y picar finamente. Limpiar los champiñones y rebanar finamente.

2 En una sartén calentar el aceite y saltear la cebolla durante 5 minutos. Añadir los champiñones, el tomillo, la sal, la pimienta, la miel y la mostaza. Cocinar, revolviendo frecuentemente, hasta que los champiñones se marchiten.

3 Rellenar la carne con la mezcla de los champiñones. Enrollar las tiras de tocino alrededor de la carne para cubrirla completamente.

4 Encender los quemadores laterales de la parrilla y precalentarla a intensidad media-alta. Colocar la carne sobre la charola en el centro de la parrilla, lejos del fuego directo. Cocer, tapada, durante 15 minutos por lado para término medio o más tiempo si se desea bien cocida, voltear una vez durante la cocción.

5 Retirar de la parrilla y dejar reposar durante 15 minutos antes de rebanar. Cortar en rebanadas gruesas y servir. Porciones 4

ASADO DE COSTILLAS CAJÚN CON PAPAS

Ingredientes

700g de costillar entero de res
Sal y pimienta
2 dientes de ajo, machacados
2 cucharadas de harina común
300g de salsa de tomate
Aceite para cocinar

Tortas de papa cajún

3 papas medianas, hervidas con cáscara
1 huevo pequeño, ligeramente batido
2 cucharaditas de sazonador cajun
2 cucharadas de aceite de oliva
2 cucharadas de harina común
½ cucharadita de sal

Preparación

1 Untar la carne con la sal, la pimienta y el ajo machacado, dejar reposar a temperatura ambiente durante 20 minutos. Espolvorear la harina justo antes de colocar la carne en la parrilla (esto ayuda a sellar los jugos). Colocar la salsa en una cacerola pequeña lista para calentarla y preparar la mezcla para las tortas de papa.

2 Preparar la parrilla para fuego indirecto a intensidad media-alta. Engrasar la parrilla, colocar las costillas en la parrilla sobre la charola para recolectar los jugos. Bajar la tapa y cocer de 1 a 1½ horas o hasta que el termómetro de la carne marque 65–70°C. Retirar de la parrilla, tapar con papel aluminio y dejar reposar durante 20 minutos antes de cortar.

3 Para hacer las tortas de papa, pelar las papas hervidas y machacarlas. Añadir el huevo, el sazonador cajún, el aceite de oliva, el azúcar y la sal. Mezclar bien y formar 12 tortitas con las manos enharinadas. Asar sobre la charola engrasada o en la parrilla a fuego directo durante 5 minutos por lado. Calentar la salsa mientras están listas las tortitas. Rebanar la carne y servir con las tortitas y la salsa. **Porciones 4**

HOT DOGS CON ADEREZO DE MOSTAZA

Ingredientes

4 salchichas Frankfurt o salchichas delgadas
½ taza de salsa barbecue
4 panes para hot dog
Mostaza para servir
Pepinillos para servir

Preparación

1 Calentar la parrilla y engrasarla. Colocar las salchichas en la parrilla y voltear para cocer de manera uniforme y que la piel no reviente. Asar de 10 a 12 minutos, barnizar con un poco de salsa barbecue al voltearlas. Colocar las salchichas en un extremo menos caliente de la parrilla o bajar la intensidad si se cuecen demasiado pronto.

2 Abrir los panes para hot dog sin separarlos, colocar los panes con el corte hacia abajo sobre la charola de la parrilla para que se doren.

3 Rellenar los panes con las salchichas, untar la mostaza y añadir los pepinillos. **Porciones 4**

BERENJENAS CON TERNERA Y SALSA

Ingredientes

4 filetes de ternera
1 diente de ajo, machacado
1 cucharada de jugo de limón amarillo
Sal y pimienta
300g de salsa de tomate
1 berenjena grande, cortada en 4 rebanadas a lo largo
Aceite para cocinar
4 rebanadas de queso gruyer
2 cebollas de cambray, finamente picadas

Preparación

1 En un recipiente de vidrio colocar la carne de ternera. Mezclar el ajo, el jugo de limón, la sal y la pimienta, verter sobre la ternera. Dejar reposar durante 30 minutos antes de cocer.

2 Calentar la parrilla a intensidad alta. En una cacerola pequeña colocar la salsa y calentar en un extremo de la parrilla. Barnizar las rebanadas de berenjena con el aceite de oliva, por ambos lados. Colocar la berenjena en la parrilla o en la charola sobre la parrilla y asar durante 4 minutos por un lado. Voltear y asar por el otro lado. Colocar la ternera sobre la parrilla caliente y engrasada, asar durante 1 minuto por lado, colocar cada filete cobre una rebanada de berenjena. Agregar una cucharada de la salsa caliente sobre la carne y encima una rebanada de queso. Decorar con un poco de salsa sobre el queso. Espolvorear con un poco de cebolla, bajar la tapa de la parrilla para que terminen de cocerse y que el queso se derrita un poco. Servir de inmediato con salsa extra. **Porciones 4**

SÁNDWICHES DE BISTEC ASADO

Ingredientes

400g de bisteces de diezmillo
2 cucharadas de jugo de limón amarillo
1 diente de ajo, machacado
Sal y pimienta
1 cucharada de aceite, más extra para cocinar
50g de mantequilla, para untar
8 rebanadas de pan tostado
2 cebollas grandes, en rebanadas finas
Salsa para condimentar carne

Preparación

1 Cortar la carne en 4 piezas, aplanar con un mazo hasta que queden los bisteces delgados. Colocar la carne en un recipiente que no sea de metal. Mezclar el jugo de limón, el ajo, la sal, la pimienta y el aceite, verter la mezcla sobre la carne. Bañar la carne por ambos lados y dejar marinar durante 30 minutos a temperatura ambiente.

2 Suavizar la mantequilla y untar un poco por ambos lados del pan.

3 Calentar la parrilla a intensidad alta, engrasar la parrilla y la charola. Colocar las cebollas en la charola, mover y bañar con un poco de aceite durante la cocción. Cuando comiencen a suavizarse moverlas hacia un lado y voltearlas ocasionalmente con las pinzas. Colocar el pan en la charola, y dejarlo hasta que esté dorado por ambos lados. Colocar la carne sobre la parrilla y asar durante 2 minutos por lado.

4 Armar los sándwiches, colocar la carne y las cebollas sobre una rebanada de pan, colocar una cucharada grande de la salsa para condimentar carne y tapar con la otra rebanada de pan. **Porciones 4**

CHULETAS DE TERNERA PARMESANO

Ingredientes

4 chuletas de ternera, de 10 a 15mm de grosor
2 cucharaditas de aceite de oliva
1 diente de ajo, machacado
Sal y pimienta negra recién molida
2 jitomates Saladet, picados
½ cucharadita de azúcar
3 cebollas de cambray, finamente rebanadas
¼ taza de perejil, picado
100g de queso mozzarella, rallado

Preparación

1 Dejar las chuletas a temperatura ambiente, aproximadamente 15 minutos. Mezclar el aceite, el ajo y los sazonadores, untar la mezcla en las chuletas por ambos lados.

2 Mezclar el jitomate, el azúcar, las cebollas de cambray y el perejil, añadir sal y pimienta al gusto, reservar.

3 Calentar la parrilla durante 5 minutos, cubrir la charola inferior con papel encerado. Colocar las chuletas encima, bajar la tapa y cocer durante 5 minutos.

4 Abrir la tapa y colocar una cucharada de la mezcla del jitomate sobre cada chuleta. Tapar con un trozo de papel encerado, cerrar y cocer hasta que estén bien calientes, aproximadamente 30 segundos. Quitar la tapa y levantar el papel encerado. Colocar queso mozzarella rallado sobre cada chuleta, colocar de nuevo el papel encerado y cocer de 10 a 15 segundos para que el queso se derrita. Retirar el papel, bajar la tapa y cocer durante 10 segundos más para sellar el queso. Servir de inmediato. **Porciones 4**

ENSALADA THAI DE RES

Ingredientes

500g de bistec de pulpa
Pimienta negra
Aceite para cocinar
1 chile rojo pequeño, finamente picado
2 cucharadas de jugo de limón verde
2 cucharadas de salsa de pescado
2 cucharadas de azúcar de palma
1 cucharadita de aceite de ajonjolí
¼ de col china, finamente picada
1 taza de cilantro fresco
1 taza de menta fresca
125g de chícharos planos
1 pepino, rebanado
1 cebolla morada pequeña, en rebanadas finas
200g de tomates cherry, en mitades

Preparación

1 Retirar el exceso de grasa y los tendones de la carne. Sazonar con pimienta negra.

2 Asar la carne en la parrilla ligeramente engrasada durante unos minutos hasta que llegue a término rojo-medio. Retirar de la parrilla y dejar reposar durante 10 minutos antes de rebanarla en tiras.

3 En un bol colocar el chile, el jugo de limón, la salsa de pescado, el azúcar y el aceite de ajonjolí, mezclar para incorporar.

4 En un platón grande para ensalada o en platos individuales revolver la col, la mitad del cilantro, la menta, los chícharos, el pepino, la cebolla y los tomates.

5 Colocar encima la carne rebanada, bañar con el aderezo y decorar con el resto del cilantro. **Porciones 4**

BISTECES DE RES CON PIMIENTA Y SALSA DE CEBOLLA

Ingredientes

4 bisteces de sirloin, de pulpa o de filete, de 125g cada uno

2 cucharadas de granos de pimienta mixtos

1 cucharada de aceite de oliva

Salsa

3 jitomates Saladet

2 cucharadas de salsa de tomate

1 cucharada de aceite de oliva

1 cebolla morada, finamente picada

2 cucharaditas de salsa de rábano

¼ taza de perejil, picado

Pimienta negra

Perejil fresco para decorar

Preparación

1 Quitar la grasa de la carne. En un mortero, o con un rodillo, machacar los granos de pimienta. Barnizar la carne con el aceite, cubrirla con los granos de pimienta machacados. Reservar.

2 En un tazón colocar los jitomates en agua hirviendo y dejar reposar durante 30 segundos. Colar, pelar, quitar las semillas y picar finamente. En un tazón colocar los jitomates picados, el jugo de tomate, el aceite, la cebolla morada, el rábano, el perejil y la pimienta negra, mezclar bien. Tapar y reservar durante 1 hora.

3 Precalentar la parrilla a intensidad media. Colocar la carne sobre la rejilla y asar de 4 a 5 minutos por lado, hasta que esté dorada y al término deseado. Servir con la salsa y decorar con perejil fresco. **Porciones 4**

BISTECES DE RES CON MANTEQUILLA AZUL

Ingredientes

4 bisteces de filete

1 cucharada de pimienta negra recién molida

2 cucharadas de aceite de oliva, más extra para cocinar

Mantequilla azul

125g de mantequilla, suavizada

60g de queso azul

¼ taza de perejil, picado

1 cucharadita de paprika

Preparación

1 Quitar el exceso de grasa de los bisteces. En un tazón colocar la pimienta negra y el aceite, mezclar para incorporar bien. Barnizar ligeramente la carne con la mezcla del aceite.

2 Para hacer la mantequilla, en un tazón colocar la mantequilla, el queso azul, el perejil y la paprika, mezclar. Colocar la mantequilla en plástico adherente, envolverla y formar un rollo. Refrigerar durante 1 hora o hasta que esté firme.

3 Precalentar la parrilla a intensidad alta. Colocar los bisteces sobre la parrilla ligeramente engrasada y asar de 3 a 5 minutos por lado o hasta que la carne tome el término deseado.

4 Cortar la mantequilla en rebanadas de 1 cm y colocar una o dos rebanadas sobre cada bistec. Servir de inmediato. **Porciones 4**

La mantequilla azul que sobre puede refrigerarse y usarse en fechas posteriores. Es deliciosa servida con chuletas de cordero asadas y con verduras a la parrilla como berenjena, pimientos rojo y verde y calabacitas italianas.

FILETES DE RES ASADOS ESTILO COREANO

Ingredientes

4 filetes de res, de 150g cada uno

½ taza de salsa de soya

1 taza de mirin (vino de arroz que se usa como condimento en la comida japonesa)

2 cebollas de cambray, finamente rebanadas

2 dientes de ajo, machacados

4cm de jengibre, rallado

1 cucharada de azúcar morena

1 cucharada de pimienta negra machacada

1 cucharada de harina común

Aceite para cocinar

Preparación

1 Retirar el exceso de grasa de los filetes. En un tazón grande mezclar la salsa de soya, el mirin, las cebollas de cambray, el ajo, el jengibre, el azúcar, la pimienta y la harina. Añadir la carne de res, bañar bien con la mezcla. Dejar reposar durante 10 minutos, de preferencia prepararla el día anterior y dejar reposar en el refrigerador.

2 Colar la carne y asar sobre la parrilla caliente y engrasada hasta que esté dorada por ambos lados y tome el término deseado. Barnizar ocasionalmente con la marinada durante la cocción.

3 Servir con rodajas de limón verde y verduras en conserva. Porciones 4

SIRLOIN ASADO CON CERVEZA

Ingredientes

1 sirloin de res entero, de 1kg aproximadamente

1 lata de cerveza

1 cebolla mediana, finamente picada

½ taza de salsa de soya

¼ cucharadita de pimienta negra

Preparación

1 Colocar la carne en una bolsa de plástico. Mezclar la cerveza, la cebolla, la salsa de soya y la pimienta, verter la mezcla sobre la carne. Presionar la bosa para sacar el aire, cerrar bien.

2 Refrigerar durante 8 horas o durante la noche, volteando ocasionalmente.

3 Retirar la carne de la marinada, colocar sobre la parrilla a 10 cm del carbón caliente, voltearla regularmente, hasta que esté cocida. Porciones 4

FILETES DE RES ASADOS ESTILO COREANO

PIERNA DE CORDERO EMPAPELADA

Ingredientes

1kg de pierna de cordero
2 cucharaditas de sal
1 cucharadita de pimienta
½ taza de jugo de limón amarillo
4 dientes de ajo, machacados
30g de queso parmesano, cortado en 12 cubos
155g de pesto de tomates deshidratados
2 hojas de papel encerado, engrasado
1 hoja de papel para hornear
Aceite para cocinar

Preparación

1 Lavar la carne de cordero y secar con papel absorbente. Con la punta de un cuchillo pequeño hacer 6 incisiones en cada lado de la carne. Colocar la carne en un recipiente que no sea de metal, frotarla con sal y pimienta, bañar con el jugo de limón, dejando que penetre por los cortes. Dejar reposar durante 30 minutos. Introducir un poco de ajo en cada corte y un cubo de queso. Frotar la carne con el pesto de tomates. Envolver la pierna en dos hojas de papel encerado engrasado y cubrir con el papel para hornear. Asegurar con un cordón.

2 Preparar la parrilla para fuego indirecto a intensidad media-alta. Colocar el paquete de carne sobre las barras engrasadas de la parrilla encima de la charola para recolectar el jugo, cocer a fuego indirecto durante 2 horas. Voltear la pierna después de la primera hora. Cuando esté cocida, retirar de la parrilla y dejar reposar durante 20 minutos antes de quitar el papel y rebanar. Recolectar los jugos en un tazón al quitar el papel. Recalentar el jugo y servir con la carne rebanada.

3 Acompañar con mostaza, ensalada verde y pan de ajo. **Porciones 4**

CORDERO SATAY

Ingredientes

750g de carne magra de cordero
1 cebolla
2 dientes de ajo
1–2 chiles rojos, sin semillas, desvenados
2 cucharadas de coco seco
3 cucharadas de jugo de limón amarillo
2 cucharadas de salsa de soya
1½ tazas de arroz
½ taza de mantequilla de cacahuate
½ taza de agua caliente
Unas cuantas gotas de salsa de chile, opcional
12–18 pappadums (pan fino y crijiente, de harina y lenteja, típico de la cocina hindú)
Ensalada de verduras al gusto

Preparación

1 Cortar la carne en cubos, reservar. En un procesador de alimentos procesar la cebolla, el ajo, los chiles, el coco, 2 cucharadas de jugo de limón y 1 cucharada de salsa de soya. Verter la mezcla sobre los cubos de carne, dejar marinar durante 10 minutos.

2 Precalentar la parrilla a intensidad alta. Cocer el arroz siguiendo las instrucciones del paquete. Encajar los cubos de carne en brochetas engrasadas. Asar a la parrilla de 8 a 10 minutos, volteando ocasionalmente. En una cacerola colocar la mantequilla de cacahuate, el agua y la salsa de chile a fuego medio hasta que se suavice. Retirar del fuego, añadir el resto del jugo de limón y de la salsa de soya.

3 Cocer los pappadums en el horno de microondas a intensidad alta, en tandas de 6, durante 1 minuto. Servir las brochetas con el arroz, la ensalada y los pappadums. **Porciones 4**

No es aconsejable cocer los pappadums en hornos convencionales puesto que pueden arquearse.

PIERNA DE CORDERO ASADA CON PAPAS

Ingredientes

1 pierna de cordero, deshuesada
1 diente de ajo, machacado
2cm de jengibre, finamente picado
2 cucharadas de mostaza de Dijon
2 cucharaditas de aceite de oliva, más extra para cocinar
Sal y pimienta
8 papas
225g de condimento de tomate y chile preparado

Preparación

1 Sobre una superficie para cortar poner la pierna de cordero con la piel hacia abajo. Cortar las partes gruesas de la pierna en un ángulo de 45° sin separarlas por completo (corte en mariposa). Golpear las partes abiertas con un mazo para igualar el grosor, aproximadamente 2.5cm.

2 Mezclar el ajo, el jengibre, la mostaza, el aceite, la sal y la pimienta, frotar por toda la superficie de la pierna. Doblar los dos lados y el chambarete hacia el centro, formando una carne plana. Encajar diagonalmente 2 brochetas de metal desde las esquinas opuestas, asegurarse de encajar los extremos, si es necesario utilizar palillos para sujetar otros extremos. Las brochetas mantienen la carne firme durante la cocción. Dejar reposar durante 30 minutos a temperatura ambiente.

3 Engrasar la parte exterior de la carne y las barras de la parrilla. Colocar la carne en la parrilla sobre la charola para recolectar los jugos, usar fuego indirecto. Colocar las papas envueltas en papel aluminio alrededor del cordero. Tapar y cocer de 50 a 60 minutos, volteando una vez.

4 Dejar reposar la carne, cubierta en papel aluminio, durante 10 minutos. Con una brocheta verificar que las papas estén cocidas antes de retirarlas de la parrilla. Quitar el papel aluminio, cortar una cruz profunda en cada papa, presionar la base con los dedos para abrir la parte superior. Servir una cucharada de condimento de tomate encima. Rebanar la carne de cordero, servir con las papas y ensalada. **Porciones 4**

ENSALADA THAI DE NOODLES Y CORDERO

Ingredientes

500g de filetes de cordero
1 ramita de limoncillo, magullada, cortada por la mitad a lo largo
2 dientes de ajo, machacados
½ taza de jugo de limón verde
2 cucharadas de aceite vegetal
2 cucharadas de salsa de chile dulce
1 cucharada de salsa de pescado
Aceite para cocinar

Ensalada de noodles de arroz

150g de noodles de arroz
6 cebollas de cambray, picadas
1 pimiento rojo, picado
60g de germen de soya
¼ taza de hojas de cilantro fresco

Aderezo de limón verde y chile

¼ taza de jugo de limón verde
1 cucharada de salsa de pescado
1 cucharada de miel
1 pizca de chile en polvo

Preparación

1 Quitar el exceso de grasa de la carne. En un recipiente de vidrio o de cerámica mezclar el limoncillo, el jugo de limón, la salsa de chile y la salsa de pescado, incorporar bien. Añadir la carne de cordero, bañar la carne con la mezcla, tapar y dejar marinar en el refrigerador durante 3 horas.

2 Precalentar la parrilla a intensidad media. Para hacer la ensalada, preparar los noodles siguiendo las instrucciones del paquete. Colar y pasar a un tazón. Añadir las cebollas de cambray, el pimiento, el germen de soya y el cilantro, mezclar bien. Reservar.

3 Para hacer el aderezo, en un frasco con tapa de rosca colocar el jugo de limón, la salsa de pescado, la miel y el chile en polvo, agitar bien. Reservar.

4 Colar la carne, asar sobre la parrilla ligeramente engrasada, volteando varias veces, de 5 a 10 minutos o hasta que esté cocida al término deseado. Cortar la carne diagonalmente en rebanadas de 2 cm de grosor.

5 Para servir, colocar la ensalada en un platón grande, acomodar las piezas de carne encima y bañar con el aderezo. Servir de inmediato. **Porciones 4**

Los noodles de arroz, que también se conocen como arroz vermicelli o palitos de arroz, varían en grosor. Están hechos de harina de arroz y deben remojarse antes de usarse. Los noodles finos requieren unos 10 minutos de remojo, mientras que los más gruesos necesitan alrededor de 30 minutos.

CORDERO CON CHILE ESTILO CARIBEÑO

Ingredientes

500g de carne de cordero molida
2 chiles, sin semillas, desvenados, finamente picados
2cm de jengibre, rallado
½ taza de pan molido
1 cebolla morada, en trozos grandes
1 piña pequeña, cortada en cubos
1 pimiento verde, cortado en cubos
Aceite para cocinar

Preparación

1 En un tazón grande colocar la carne molida, el chile, el jengibre y el pan molido. Mezclar bien y formar pelotas pequeñas.

2 Encajar las pelotas en brochetas, alternando con los trozos de cebolla, piña y pimiento.

3 Barnizar con aceite y asar en una parrilla precalentada hasta que estén doradas y bien cocidas. **Rinde 8 brochetas**

CHULETAS DE CORDERO EMPANIZADAS CON PURÉ DE CHIRIVÍA

Ingredientes

8 chuletas de lomo de cordero
2 cucharaditas de mostaza de Dijon
2 cucharaditas de miel
2 dientes de ajo, machacados
¼ taza de romero, picado, y ramitas extra para decorar
3 cucharadas de aceite de oliva
Sal y pimienta
100g de pan blanco molido fino

Puré de chirivía

450g de chirivías, en trozos
450g de papas, en trozos
2 dientes de ajo
60g de mantequilla
⅓ taza de crema
Sal y pimienta
Nuez moscada recién molida

Preparación

1 Quitar el exceso de grasa de las chuletas. Mezclar la mostaza, la miel, el ajo, el romero y 2 cucharadas del aceite. Sazonar con sal y pimienta. Barnizar las chuletas con la mezcla y cubrir con el pan molido.

2 Para hacer el puré, en una cacerola colocar agua hirviendo con sal, añadir las chirivías, las papas y el ajo y hervir de 15 a 20 minutos, hasta que estén cocidas. Colar bien, machacar junto con la mantequilla y la crema hasta que la mezcla esté suave. Sazonar con sal, pimienta y nuez moscada.

3 Mientras, precalentar la parrilla a intensidad media-alta. Colocar las chuletas sobre la parrilla y bañar con el resto del aceite. Asar de 7 a 8 minutos por lado hasta que estén suaves —ajustar el fuego si es necesario para evitar que el pan molido se queme—. Servir las chuletas con el puré y decorar con las ramitas de romero. **Porciones 4**

BROCHETAS GRIEGAS

Ingredientes

700g de filetes de pescuezo de cordero
Menta fresca para decorar
Rodajas de limón amarillo para servir

Marinada

100g de yogur natural
½ cebolla pequeña, rallada
2 dientes de ajo, machacados
Jugo de ½ limón amarillo
1 cucharada de aceite de oliva
½ taza de menta, picada
Sal y pimienta negra

Preparación

1 Cortar la carne en cubos de 2.5cm. Para hacer la marinada, en un recipiente grande que no sea de metal mezclar el yogur, la cebolla, el ajo, el jugo de limón, el aceite, la menta y sazonar. Añadir la carne de cordero y revolver para bañarla con la marinada. Tapar y refrigerar durante 4 horas o durante toda la noche.

2 Precalentar la parrilla a intensidad alta. Encajar la carne en 4 u 8 brochetas de metal, dependiendo del tamaño de las brochetas. Asar de 10 a 12 minutos, volteando de 2 a 3 veces, hasta que estén bien cocidas. Decorar con la menta y servir con las rodajas de limón. **Porciones 4**

Estas brochetas te traerán buenos recuerdos si has estado en Grecia. Sírvelas con arroz, una buena ensalada griega y un poco de tzatziki al lado.

PIERNA DE CORDERO PORT-GLAZE

Ingredientes

1¼ kg de pierna de cordero
½ taza de vino de Oporto
¾ taza de agua

Port glaze

2 cucharadas de mostaza de Dijon
Ralladura fina de 1 naranja
¼ cucharadita de nuez moscada
¾ taza de vino de Oporto
⅓ taza de nuez
1 cucharada de vinagre balsámico

Preparación

1 Precalentar la parrilla tapada a intensidad media. Quitar el exceso de grasa de la carne.

2 Para hacer el port glaze, en una cacerola colocar la mostaza, la ralladura de naranja, la nuez moscada, el vino de Oporto, la miel y el vinagre, hervir a fuego lento hasta que la mezcla espese y se reduzca ligeramente.

3 Colocar la carne en una rejilla alta dentro de una charola para rostizar y barnizarla con la mezcla del port glaze. Agregar el oporto y el agua en la charola para rostizar, bajar la tapa de la parrilla y cocer durante 1½ horas, o hasta que tome el término deseado, barnizar con el glaze en intervalos de 15 minutos. **Porciones 4**

CHULETAS CAJÚN

Ingredientes

12 chuletas de cordero
1 cucharada de aceite de oliva, más extra para cocinar
3 cucharaditas de sazonador cajún
125g de mantequilla
1 chile rojo pequeño, sin semillas, picado

Preparación

1 Cortar las chuletas si es necesario y recortar la membrana lateral para evitar que se curve. Aplanar ligeramente con el costado del mazo. Mezclar el aceite de oliva y la mitad del sazonador cajún, frotar la carne por ambos lados con la mezcla. En una charola colocar las chuletas sin encimarlas, tapar y dejar reposar durante 20 minutos a temperatura ambiente, o más tiempo en el refrigerador.

2 Revolver la mantequilla para suavizarla y mezclarla con el resto del sazonador cajún y el chile picado. Colocar
la mantequilla en plástico adherente, envolverla para formar un rollo. Refrigerar para que se endurezca.

3 Calentar la parrilla a intensidad alta. Colocar las chuletas en la parrilla engrasada y asar durante 3 minutos por lado para término medio, 4 minutos para término bien cocido. Pasar a un platón, colocar una rebanada de la mantequilla cajún sobre cada chuleta. Servir de inmediato con guarnición de verduras. **Porciones 4**

CHULETAS DE CORDERO A LA DIABLA

Ingredientes

12 chuletas de cordero
2 cucharaditas de azúcar morena
2 cucharaditas de mostaza
2 cucharaditas de salsa barbecue
1 cucharadita de salsa inglesa
1½ cucharaditas de curry en polvo
2 cucharadas de aceite
1 cebolla grande, rebanada
2 papas medianas, peladas, rebanadas
1 pimiento rojo, picado
2 jitomates Saladet, picados
½ taza de caldo de pollo
2 zanahorias medianas, en tiras delgadas
3 tallos de apio, en tiras delgadas

Preparación

1 Quitar el exceso de grasa de la carne. Precalentar la parrilla a intensidad media-alta. Mezclar el azúcar, la mostaza, la salsa barbecue y la salsa inglesa, el curry en polvo y la mitad del aceite. Barnizar las chuletas con la mitad de la mezcla. Asar las chuletas durante 5 minutos por lado, barnizar con el resto de la salsa.

2 Mientras, en una sartén de base gruesa calentar el resto del aceite, añadir la cebolla y saltear durante 2 minutos a fuego alto, añadir las papas. Agregar ½ taza de agua, el pimiento y el tomate, tapar y hervir a fuego lento de 8 a 10 minutos hasta que estén suaves.

3 En otra cacerola verter el caldo de pollo, dejar que suelte el hervor, añadir las zanahorias y el apio, cocer a fuego medio-alto de 5 a 6 minutos. Servir las chuletas a la diabla con todas las verduras. **Porciones 4**

Se recomienda quitar la parrilla antes de calentar. Una parrilla fría evita que la carne se pegue a las barras.

BROCHETAS DE CORDERO CON PIMIENTO Y SALSA DE CHILE

Ingredientes

350g de pierna de cordero magra, sin hueso

½ taza de vino tinto

1 cucharada de aceite de oliva

Jugo de ½ limón amarillo

¼ taza de romero fresco, picado

Pimienta negra

1 pimiento rojo y 1 amarillo, sin semillas, cortados en 8 piezas

16 champiñones

Salsa

400g de tomates de lata, picados

½ taza de caldo de verduras

1 cebolla pequeña, finamente picada

1 chile verde, sin semillas, finamente picado

1 cucharada de puré de tomate

1 diente de ajo, machacado

Pimienta negra

Preparación

1 Cortar la pierna en 12 cubos. En un tazón que no sea de metal mezclar 4 cucharadas del vino tinto, el aceite, el jugo de limón, el romero y la pimienta negra. Agregar el cordero, bañar para cubrir, tapar y refrigerar durante 2 horas.

2 Precalentar la parrilla a intensidad alta. Encajar los trozos de carne, el pimiento y los champiñones en 4 brochetas de metal, en partes iguales. Reservar la marinada.

3 En una cacerola a fuego alto colocar los tomates, el caldo, la cebolla, el chile, el puré de tomate, la pimienta negra y el resto del vino, revolver. Dejar que suelte el hervor, reducir el fuego y cocinar a fuego lento, sin tapar, de 15 a 20 minutos, hasta que la salsa espese, revolviendo ocasionalmente. Mientras, asar las brochetas de 12 a 18 minutos, hasta que la carne esté suave, voltear ocasionalmente y bañar con la marinada. Servir con la salsa de chile. **Porciones 4**

El romero combina a la perfección con los trozos grandes de cordero, la salsa de chile le añade un sabor especial. Se puede usar jugo de manzana para sustituir el vino tinto.

PIERNA DE CORDERO MARINADA

Ingredientes

1½ kg de pierna de cordero, en corte mariposa
Pimienta negra recién molida
Aceite para cocinar

Marinada de limón y hierbas

2 dientes de ajo, machacados
¼ taza de aceite de oliva
¼ taza de jugo de limón
¼ taza de mejorana fresca, finamente picada o 1 cucharadita de mejorana seca
¼ taza de tomillo fresco, finamente picado o 1 cucharadita de tomillo seco

Preparación

1 Colocar la pierna sobre una superficie plana y sazonar bien con la pimienta negra. Pasar a un recipiente de cerámica o vidrio.

2 Para hacer la marinada, en un tazón pequeño colocar el ajo, el aceite, el jugo de limón, la mejorana y el tomillo, mezclar bien. Verter la marinada sobre el cordero, dejar reposar a temperatura ambiente de 3 a 4 horas, o durante toda la noche en el refrigerador.

3 Precalentar la parrilla a intensidad media. Colar la carne y reservar la marinada. Asar la carne en la parrilla ligeramente engrasada, volteando varias veces durante la cocción y bañando con el resto de la marinada de 15 a 25 minutos o hasta que tome el término deseado. **Porciones 4**

En la carnicería puedes pedir que corten la pierna en mariposa, o puedes hacerlo tú mismo.

CORDERO AL LIMÓN

Ingredientes

8 chuletas de pierna magras
¼ taza de jerez seco
½ taza de jugo de limón amarillo
3 cucharadas de aceite de oliva
2 ramitas de romero fresco
2 cucharaditas de azúcar morena
4 dientes de ajo, machacados
4 tallos de apio, rebanados
2 tomates bola, rebanados
3–4 rábanos, rebanados
¼ taza de menta fresca, picada
⅓ taza de aceitunas negras
4 elotes
Mantequilla para cocinar

Preparación

1 Quitar el exceso de grasa de la carne. En un tazón mezclar el jerez, la mitad del jugo de limón, 1 cucharada del aceite, el romero, el azúcar y el ajo. Añadir las chuletas y dejar marinar durante 10 minutos.

2 En un tazón mezclar el apio, el tomate y el rábano, revolver con la menta, las aceitunas, el resto de aceite de oliva y del jugo de limón. Enfriar.

3 Precalentar la parrilla a intensidad media-alta. Limpiar los elotes, colocar uno por uno en trozos grandes de papel aluminio. Colocar encima un poco de mantequilla y rociar un poco de agua. Envolver y sellar bien. Colocar los elotes en la parrilla y asar de 15 a 18 minutos, volteando ocasionalmente. A los 5 minutos de la cocción de los elotes, colar las chuletas y asar de 4 a 5 minutos por lado, barnizando ocasionalmente con la marinada. Servir las chuletas acompañadas de la ensalada y de los elotes. **Porciones 4**

COSTILLAR DE CORDERO CON COSTRA DE PESTO Y TOMATES CON ALBAHACA

Ingredientes

4 costillares de cordero, con 3–4 chuletas cada uno

1 diente de ajo, machacado

2 tazas de pan blanco molido

¼ taza de piñones

¼ taza de albahaca picada

40g de queso parmesano, rallado

1 cucharada de jugo de limón amarillo

1 huevo pequeño, ligeramente batido

Aceite para cocinar

Tomates con albahaca

12 tomates cherry grandes

¼ taza de albahaca, picada

Bruschetta de albahaca

Pan turco o baguete

200g de queso ricotta

¼ taza de albahaca, picada

Preparación

1 Quitar la grasa de los costillares, dejar una capa fina. Frotar los costillares con un poco de ajo machacado. Integrar el resto de los ingredientes para formar una mezcla húmeda. Untar la mezcla en el costillar. Colocar los costillares en una charola lisa, tapar con plástico adherente y refrigerar.

2 Preparar la parrilla para fuego indirecto. Poner los costillares de pie sobre la parrilla engrasada encima de la charola para recolectar los jugos. Ponerlos uno contra otro para que se sostengan, en pares. Bajar la tapa de la parrilla y cocer de 35 a 45 minutos. Retirar de la parrilla. Tapar con papel aluminio y dejar reposar durante 5 minutos antes de servir.

3 Para preparar los tomates con albahaca, hacer un corte en forma de cruz en la parte superior de los tomates y colocar un poco de albahaca picada encima. Ponerlos en una charola de aluminio, tapar con papel aluminio y asar durante 10 minutos en el lateral de la parrilla.

4 Para hacer las bruschettas de albahaca, cortar el pan en rebanadas de 15mm de grosor. Mezclar el queso ricotta con la albahaca picada. Untar en las rebanadas de pan. Colocar sobre la parrilla, con el queso hacia arriba durante 2 minutos para que se tuesten. Colocar un trozo de papel encerado sobre las barras de la parrilla, voltear los panes sobre el papel, con el queso hacia abajo. Asar de 1 a 2 minutos hasta que el queso tome un poco de color y se marquen las barras de la parilla. **Porciones 4**

Para obtener mejores resultados, preparar la carne la noche anterior.

CORDERO AFRUTADO

Ingredientes

4 piernas de cordero
2 cucharadas de chutney de mango (conserva agridulce para acompañar carnes y aves)
2 dientes de ajo, machacados
2cm de jengibre fresco, finamente rallado
¼ taza de jugo de manzana
¼ taza de vino blanco
2 cucharadas de aceite de oliva, más extra para cocinar
4 cabezas de ajo, cortadas a la mitad horizontalmente

Preparación

1 Perforar las partes más gruesas de cada pierna para que se cuezan de manera uniforme.

2 En un recipiente de cerámica o de vidrio colocar el chutney, el ajo machacado, el jugo de manzana, el vino y el aceite, mezclar bien. Añadir la carne y bañar con la mezcla, tapar y marinar en el refrigerador durante 2 horas. Retirar la carne y hornear durante 1 hora a 180°C.

3 Precalentar la parrilla a intensidad media. Retirar el cordero del recipiente para horno, colocarla sobre la parrilla ligeramente engrasada, añadir las cabezas de ajo y asar, volteando ocasionalmente, durante 30 minutos o hasta que el cordero y el ajo estén suaves. Porciones 4

Para esta receta se requiere ajo fresco young —su sabor es menos fuerte que el ajo más maduro y al cocerlo adquiere un delicioso sabor a nuez—. Las chuletas de cordero son muy ricas si se cuecen de esta manera, aunque no se requiere precocerlas y el tiempo de cocción en la parrilla es de 3 a 5 minutos por lado.

CHULETAS CON ROMERO Y TOMILLO

Ingredientes

8 chuletas de pescuezo de ternera
Aceite para cocinar
Marinada de hierbas frescas
¼ taza de romero fresco, picado
¼ taza de tomillo fresco, picado
2 dientes de ajo, machacados
¼ taza de aceite de oliva
¼ taza de vinagre balsámico o de vino tinto
2 cucharadas de jugo de limón verde

Preparación

1 Quitar el exceso de grasa de las chuletas. En un platón de cerámica o de vidrio colocar el romero, el tomillo, el ajo, el aceite, el vinagre y el jugo de limón, mezclar bien. Añadir el cordero, bañar con la mezcla, tapar y dejar marinar a temperatura ambiente durante 1 hora.

2 Precalentar la parrilla a intensidad alta. Colar el cordero, colocar sobre la parrilla ligeramente engrasada y asar de 3 a 5 minutos por lado o hasta que las chuletas tomen el término deseado. Porciones 4

Unas pinzas largas son indispensables para voltear la comida sin quemarte las manos.

CORDERO AFRUTADO; CHULETAS CON ROMERO Y TOMILLO

CHULETAS DE CORDERO CON MANTEQUILLA DE MIEL

Ingredientes

8 chuletas de cordero
1 cucharada de aceite vegetal
1 diente de ajo, machacado

Mantequilla de miel
90g de mantequilla, suavizada
¼ taza de menta fresca, picada
1 cucharada de miel
Pimienta negra recién molida

Preparación

1 Precalentar la parrilla a intensidad media. Quitar el exceso de grasa de las chuletas. En un tazón pequeño colocar el aceite y el ajo, mezclar para incorporar. Envolver los extremos de los huesos de las chuletas en papel aluminio para evitar que se quemen durante la cocción. Barnizar las chuletas con la mezcla del aceite, asar sobre la parrilla durante 3 minutos por lado o hasta que el cordero esté suave.

2 Para hacer la mantequilla de miel, en un tazón pequeño colocar la mantequilla, la menta, la miel y la pimienta negra, revolver bien. Colocar la mezcla en plástico adherente y enrollar. Refrigerar hasta que se endurezca.

3 Cortar la mantequilla en rodajas pequeñas y servir con las chuletas. **Porciones 4**

Con moldes para galletas puedes cortar la mantequilla en formas diferentes.

CORDERO AL PESTO CON SALSA DE TOMATES CHERRY

Ingredientes

12 chuletas de cordero
3 cucharadas de pesto (salsa preparada con ajo, albahaca, piñones y aceite de oliva)

Salsa
2 cucharadas de aceite de oliva extra virgen
2 cucharaditas de vinagre balsámico
1 cucharada de miel
1 cucharadita de mostaza de Dijon o de grano entero
250g de tomates cherry, en mitades
1 cebolla roja pequeña, finamente picada
Sal y pimienta negra
¼ taza de albahaca fresca, picada, hojas extra para decorar

Preparación

1 Precalentar la parrilla a intensidad media. Colocar las chuletas en la rejilla sobre la charola de la parrilla, untarlas con la mitad del pesto. Asar de 4 a 5 minutos, voltear las chuletas y untarlas con el resto del pesto, asar durante 4 minutos más o hasta que estén cocidas.

2 Mientras, hacer la salsa. En un tazón mezclar el aceite, el vinagre, la miel y la mostaza. Añadir los tomates y la cebolla, revolver para cubrir con el aderezo. Sazonar, incorporar la albahaca. Servir las chuletas con la salsa y decorar con las hojas de albahaca. **Porciones 4**

Las chuletas de cordero asadas cubiertas de pesto son deliciosas y la salsa de tomate les da un toque especial. Sírvelas con papas y ensalada verde.

CHULETAS DE CORDERO CON SALSA CUMBERLAND

Ingredientes

8 chuletas de lomo de cordero, de 125g cada una

1 cucharada de aceite vegetal, más extra para cocinar

Sal y pimienta negra

Salsa

6 cucharadas de jalea de grosella

6 cucharadas de vino de Oporto o vino tinto

2 cucharaditas de azúcar extrafina

1 cucharadita de mostaza de Dijon

Ralladura y jugo de 1 naranja pequeña

Preparación

1 Con una brocha para repostería o con el dorso de una cucharita barnizar ambos lados de las chuletas con aceite. Sazonar con sal y pimienta. Engrasar una rejilla y colocar las chuletas encima.

2 Para hacer la salsa, en una cacerola pequeña colocar la jalea de grosella, el vino de Oporto o vino tinto, el azúcar, la mostaza, la ralladura y el jugo de naranja. Calentar a fuego medio-alto, revolviendo constantemente, de 2 a 3 minutos, hasta que la jalea y el azúcar se hayan disuelto. Reducir el fuego y hervir a fuego lento durante 3 minutos o hasta que la salsa esté un poco espesa. Reservar para enfriar.

3 Precalentar la parrilla a intensidad media-alta. Colocar la rejilla sobre la parrilla de manera que las chuletas estén a 10 cm encima del fuego. Asar durante 6 minutos por lado para que las chuletas tomen color rosa en el centro y durante 9 minutos para término bien cocido. El tiempo de cocción depende del grosor de la carne, verificar el punto de cocción insertando la punta de un cuchillo filoso. Servir con la salsa por encima.
Porciones 4

CORDERO SATAY

Ingredientes

800g de paleta de cordero, sin hueso

1 taza de marinada satay (ver más abajo)

Marinada satay

½ taza de mantequilla de cacahuate

½ cucharadita de chile en polvo

½ cucharadita de jengibre molido

2 cucharadas de jugo de limón amarillo

1 cucharada de azúcar morena

½ taza de leche de coco

Preparación

1 Cortar la carne en tiras de 5mm de grosor. Colocar en un recipiente que no sea de metal y verter encima ⅔ de la marinada. Tapar y marinar en el refrigerador durante 20 minutos. Remojar 12 brochetas en agua durante 30 minutos.

2 Encajar 2 o 3 tiras de cordero en cada brocheta, a lo largo. Extenderlas para que cubran sólo dos tercios de la brocheta. Reservar la marinada para barnizar.

3 Calentar la parrilla a intensidad alta. Colocar una rejilla invertida sobre la parrilla para evitar que la marinada se queme en la parrilla caliente. Colocar las brochetas sobre la rejilla y asar de 8 a 10 minutos, volteando frecuentemente. Bañar la carne con la marinada durante la cocción.

4 Adelgazar el tercio restante de la marinada con un poco de leche de coco extra, pasar a un recipiente resistente al fuego y calentar en la parrilla. Colocar las brochetas en un platón para servir y bañar de inmediato con la marinada caliente. **Rinde 12 brochetas**

Marinada satay

1 En una sartén colocar todos los ingredientes, calentar sin dejar que hierva, y mezclar. Dejar enfriar antes de usar. La marinada puede guardarse en el refrigerador durante 3 semanas. **Rinde 1 taza**

PIERNA DE CORDERO ESTILO SUR DEL ECUADOR

Ingredientes

750g de pierna de cordero, deshuesada

1 cucharadita de albahaca seca

1 cucharadita de orégano seco

1 cucharadita de romero seco

½ taza de jugo de limón amarillo

2 cucharadas de salsa de soya

2 cucharadas de salsa inglesa

2 cucharadas de aceite de oliva

Preparación

1 Cortar la pierna de manera que quede de un grosor uniforme. Mezclar la albahaca, el orégano y el romero, frotar la carne con las hierbas. Colocar el cordero dentro de una bolsa de plástico con cierre.

2 Mezclar el jugo de limón, la salsa de soya, la salsa inglesa y el aceite de oliva. Verter dentro de la bolsa. Sacar el aire de la bolsa y sellar para que la carne quede cubierta por el líquido. Refrigerar durante toda la noche.

3 Encender los quemadores laterales y precalentar la parrilla a intensidad media. Sacar la carne de la bolsa, colocar en una charola en el centro de la parrilla, lejos del fuego directo. Cocinarla tapada durante 20 minutos, bañándola con la marinada durante la cocción. Voltear y cocer de 15 a 20 minutos más o hasta que tome el término deseado. Servir rebanada con zanahorias, nabos o rábanos y decorar con rodajas de limón amarillo. **Porciones 4**

CORDERO CON CEBOLLAS DULCES

Ingredientes

8 chuletas de cordero

Marinada de yogur

¼ taza de menta fresca, picada

1 diente de ajo, machacado

1 taza de yogur natural, bajo en grasas

2 cucharadas de mostaza de grano entero

1 cucharada de salsa de menta

Aceite para cocinar

Cebollas dulces

2 cucharadas de aceite de oliva

2 cebollas moradas, rebanadas

1 cucharada de miel

2 cucharadas de vinagre de vino tinto

Preparación

1 Quitar el exceso de grasa de la carne. Para hacer la marinada, en un recipiente de cerámica o de vidrio colocar la menta, el ajo, el yogur, la mostaza y la salsa de menta, mezclar bien. Añadir el cordero y bañarlo con la marinada, tapar y refrigerar durante 3 horas.

2 Precalentar la parrilla a intensidad media. Para las cebollas dulces, calentar el aceite en la charola de la parrilla, agregar las cebollas y freír durante 10 minutos, revolviendo constantemente. Añadir la miel y el vinagre, freír durante 5 minutos más, revolviendo, o hasta que las cebollas estén muy suaves y doradas.

3 Colar la carne, colocar sobre la parrilla ligeramente engrasada y asar de 2 a 3 minutos por lado o hasta que tome el término deseado. Servir con las cebollas. Porciones 4

Antes de encender una parrilla de gas verificar que las juntas y las mangueras estén en perfectas condiciones.

BROCHETAS DE CORDERO TANDOORI

Ingredientes

750g de tiras de cordero

2.5cm de jengibre

2 dientes de ajo

1–2 chiles rojos, sin semillas

½ taza de hojas de menta

1 cucharadita de comino molido

⅓ taza de jugo de limón amarillo o verde, fresco

2 cucharadas de pasta tandoori

1½ tazas de arroz integral

Ensalada de verduras

200g de yogur natural

Preparación

1 Quitar el exceso de grasa de la carne. En un procesador de alimentos colocar el jengibre, el ajo, los chiles, la menta, el comino y el jugo de limón, procesar. Reservar la mitad de la mezcla, verter el resto a las tiras de cordero junto con la pasta tandoori.

2 Cocer el arroz siguiendo las instrucciones del paquete. Precalentar la parrilla a intensidad alta. Encajar las tiras de cordero en brochetas engrasadas. Asar de 6 a 8 minutos, volteando ocasionalmente.

3 Preparar la ensalada al gusto. Incorporar la mezcla del jugo de limón reservada con el yogur.

4 Servir las brochetas con el arroz y la ensalada. Usar la mezcla del yogur como salsa para remojar. Porciones 4

El jugo de limón de temporada se puede congelar en hieleras y usarse según se requiera.

ASADO DE CORDERO CON NOODLES A LA PARRILLA

Ingredientes

1 trozo pequeño magro de cordero
¼ taza de cilantro fresco, picado
1 diente de ajo, machacado
1 cucharada de jugo de limón amarillo
Sal y pimienta
1 cucharada de aceite

Noodles a la parrilla

500g de noodles (fideos chinos de harina de trigo)
¼ taza de cilantro fresco, picado
100g de queso feta, desmenuzado
1 diente de ajo, machacado
1 chile pequeño, picado

Preparación

1 Con un cordón atar la carne de cordero para realzar su forma. La carne tiene forma de media luna y los extremos exteriores se secan si no se ata la carne.

2 En un recipiente de vidrio mezclar el resto de los ingredientes. Añadir la carne y bañarla bien. Marinar durante 1 hora a temperatura ambiente o más tiempo en el refrigerador.

3 Preparar la parrilla para fuego indirecto. Colocar la carne en el centro de la parrilla sobre la charola para recolectar los jugos. Tapar la parrilla y cocer de 35 a 40 minutos. No es necesario voltearla si se usa este método. De manera alternativa, colocar la carne en una charola de aluminio para recolectar el jugo. Barnizar con la marinada mientras se cuece y voltear una o dos veces.

4 Para los noodles asados, enjuagar los noodles en agua caliente y separarlos. Colar muy bien. Mezclar el cilantro, el queso feta, el ajo y el chile hasta formar una pasta.

5 Calentar la plancha de la parrilla o usar un recipiente de aluminio sobre la parrilla. Engrasar la plancha o el recipiente, añadir los noodles y revolver mientras se añade la pasta de cilantro. Mezclar bien y calentar. Colocar en un platón para servir o en platos individuales. Rebanar la carne de cordero y acomodar sobre los noodles. Bañar con los jugos de cocción. **Porciones 4**

CHAMORRO DE CORDERO A LA PARRILLA

Ingredientes

4 a 6 chamorros de cordero
½ taza de caldo de res
330ml de cerveza de barril
¼ taza de pasta de tomate
1 cucharada de mostaza de grano entero
2 cucharadas de azúcar morena
2 cucharaditas de comino
1 cucharadita de chile picado
Perejil para decorar

Preparación

1 Encender los calentadores laterales y precalentar la parrilla a intensidad media. Quitar la grasa de los chamorros y asar en la plancha hasta que estén dorados. Retirar del fuego.

2 Sobre una superficie plana colocar una hoja grande de papel aluminio. Poner encima una hoja de papel encerado del mismo tamaño. Acomodar los chamorros sobre el papel. Doblar el papel alrededor de los chamorros para hacer un sobre cerrado con la parte superior abierta.

3 Mezclar el caldo, la cerveza, la pasta de tomate, la mostaza, el azúcar, el comino y el chile picado. Verter dentro del sobre y doblar la parte superior para cerrarlo. Colocar el sobre en el centro de la parrilla, lejos del fuego directo. Tapar y cocer a intensidad baja durante 1 hora.

4 Con un guante aislante voltear el sobre y cocer durante una hora más. Colocar los chamorros sobre puré de verduras y rociar el líquido de cocción encima. Decorar con perejil. **Porciones 4**

El chamorro de cordero es más rico si se cuece de manera lenta durante un tiempo prolongado, lo cual significa que la cocina, y muchas veces la casa entera, se llena de fuertes aromas de cordero que tienden a permanecer. Por esta razón, cocer este corte en la parrilla es aconsejable pues el olor se queda afuera. No intentes voltear el sobre con las pinzas, puedes romper el papel y los deliciosos aromas se escaparían.

BROCHETAS DE CORDERO SATAY

Ingredientes

750g de pulpa de cordero, magro
¼ taza de vino blanco
2 cucharaditas de salsa de soya
2 cucharaditas de marinada satay (ver página 48)
¼ cucharadita de salsa de chile
2 dientes de ajo, machacados
1 cucharada de azúcar morena

Preparación

1 Remojar 12 brochetas de bambú durante 30 minutos para evitar que se quemen. Cortar la carne en rebanadas finas de 8cm. Encajar en las brochetas.

2 En un recipiente de cerámica o de vidrio mezclar el vino, la salsa de soya, la marinada satay, la salsa de chile, el ajo y el azúcar. Añadir las brochetas de carne y bañarlas bien con la mezcla. Dejar marinar en un lugar fresco durante 30 minutos, voltear ocasionalmente.

3 Calentar la parrilla a intensidad alta. Colocar una rejilla sobre las barras de la parrilla, acomodar encima las brochetas y asar de 4 a 5 minutos por lado, bañando ocasionalmente con el resto de la marinada. Decorar con chile. Servir con salsa de cacahuate (opcional). **Rinde 12 brochetas**

CORDERO CON ORÉGANO Y ENSALADA DE CUSCÚS

Ingredientes

500g de lomo de cordero

2 dientes de ajo, machacados

1 cucharadita de canela molida

1 cucharadita de pimienta inglesa molida

2 cucharadas de jugo de limón amarillo

1 cucharadita de miel

1 cucharadita de aceite de oliva, y extra para cocinar

¼ taza de orégano fresco, picado

1 taza de cuscús (pequeños granos de sémola de trigo)

2 tazas de caldo de pollo, bajo en sales

400g de garbanzos, enjuagados, colados

200g de tomates cherry, en mitades

2 tazas de perejil, picado grueso

1 taza de pasas

2 naranjas, en gajos

Preparación

1 Quitar el exceso de grasa y los tendones de la carne. En un recipiente colocar el ajo, la canela, la pimienta inglesa, el jugo de limón, la miel, el aceite de oliva y el orégano, mezclar bien. Verter sobre la carne de cordero, tapar y marinar en el refrigerador durante 4 horas o durante toda la noche.

2 Colocar el cuscús en un tazón. En una cacerola colocar el caldo de pollo, dejar que suelte el hervor y verter sobre el cuscús. Dejar reposar durante 10 minutos o hasta que todo el líquido se haya absorbido.

3 Engrasar ligeramente la parrilla y asar el cordero marinado a fuego medio-alto durante 10 minutos o hasta que tome un término medio-rojo. Dejar reposar durante 5 minutos antes de rebanar.

4 Incorporar la carne, los garbanzos, los tomates, el perejil, las pasas y las naranjas al cuscús y servir.
Porciones 4

CORDERO CON ESPECIAS EN BROCHETAS DE ROMERO CON PURÉ DE ESPINACAS Y CHILES VERDES

Ingredientes

500 de carne de cordero, molida
1 cucharadita de sal de mar
1 cucharadita de comino molido
Pimienta negra machacada
1 cucharadita de canela molida
12 ramitas de romero de 15cm, sin hojas excepto 2cm en un extremo
2 cucharadas de aceite de oliva
1 cebolla pequeña, finamente picada
3 dientes de ajo, finamente picados
½ chile rojo pequeño, sin semillas, finamente picado
1 taza de perejil
4 tazas de hojas de espinacas
¼ taza de crema
40g de mantequilla
1 chile verde, sin semillas, rebanado
75g de pasas cubiertas de vino tinto y vinagre, hervidas, coladas
½ cebolla morada, finamente rebanada
½ taza de hojas de menta, picadas grueso
3 cucharadas de piñones, para servir

Preparación

1 En un procesador de alimentos colocar la carne de cordero, la sal, el comino, la pimienta y la canela, procesar hasta que esté suave. Dividir la mezcla de la carne en 12 porciones, con las manos ligeramente engrasadas moldear la carne alrededor de las brochetas de romero. Tapar y refrigerar.

2 En una sartén calentar 1 cucharada de aceite a fuego medio. Añadir la cebolla, el ajo y el chile rojo, saltear durante 5 minutos o hasta que la cebolla esté suave. Agregar el perejil y las espinacas, mezclar bien. Verter la crema y cocinar durante 5 minutos. Colocar la mezcla de las espinacas en un procesador de alimentos junto con la mantequilla, procesar hasta que esté suave. Calentar la parrilla y asar las brochetas, volteando ocasionalmente, de 5 a 8 minutos.

3 Mientras, en un recipiente pequeño mezclar el chile verde, las pasas, la cebolla morada, la menta y el resto del aceite, revolver ligeramente. Servir las brochetas de cordero sobre el puré de espinacas y espolvorear la ensalada de chile verde y los piñones. Porciones 4

PAQUETITOS DE CORDERO CON SALSA

Ingredientes

500g de lomo de cordero
1 cucharada de jugo de limón amarillo
Sal y pimienta
2 cucharaditas de aceite, más extra para cocinar
1 diente de ajo, machacado
300g de salsa de tomate
6 panes pita
1 lechuga pequeña, finamente picada

Preparación

1 Cortar el cordero en cubos de 1cm. En un tazón colocar la carne y añadir el jugo de limón, la sal, la pimienta, el aceite y el ajo. Tapar y marinar a temperatura ambiente durante 20 minutos. Encajar en brochetas.

2 Calentar la parrilla y engrasar las barras. Colocar la salsa en un recipiente de metal o de aluminio y colocar en un lado de la parrilla para calentar un poco.

3 Asar las brochetas de cordero de 3 a 4 minutos por lado. Abrir un poco el pan y calentarlo en la parrilla. Rellenarlo con lechuga, la carne de cordero (quitar las brochetas) y servir encima la salsa caliente. Porciones 4

CORDERO CON ESPECIAS EN BROCHETAS DE ROMERO CON PURÉ DE ESPINACAS Y CHILES VERDES

BROCHETAS DE CORDERO CON FRUTA

Ingredientes

800g de pierna o pulpa de cordero, en cubos de 3cm

1 pimiento rojo, sin semillas, cortado en cubos

12 chabacanos secos, cortados a la mitad

1 cebolla morada pequeña, en 12 gajos

2 cucharaditas de aceite de oliva

300ml de yogur natural

1 pepino pequeño, en cubos

¼ taza de menta fresca, picada

Preparación

1 Remojar 12 brochetas de bambú en agua fría durante 20 minutos mínimo.

2 Precalentar la parrilla a intensidad alta. Encajar alternadamente los cubos de carne, 2 trozos de pimiento, 2 chabacanos y un gajo de cebolla en cada brocheta.

3 Barnizar las brochetas con aceite de oliva, asar en la parrilla de 10 a 12 minutos, volteando ocasionalmente, hasta que la carne esté bien cocida.

4 Mientras, mezclar el yogur, el pepino y la menta.

5 Servir las brochetas con el aderezo de yogur y cuscús. **Rinde 12 brochetas**

cocina selecta

carne blanca

CHULETAS DE CERDO CON MANTEQUILLA DE TOMATES DESHIDRATADOS

Ingredientes

8 chuletas de cerdo

12 tomates cherry, en mitades a lo largo

Tomillo limón fresco, para decorar

Mantequilla de tomates deshidratados

125g de mantequilla, picada

¼ taza de tomates deshidratados, colados, finamente picados

1 diente de ajo, machacado

1 cucharada de granos de pimienta verde, colados

¼ taza de tomillo limón fresco, picado

¼ cucharadita de paprika molida

Preparación

1 Quitar el exceso de grasa de las chuletas. Para hacer la mantequilla de tomates deshidratados, en un tazón pequeño batir la mantequilla con una batidora eléctrica hasta que esté suave y esponjosa, añadir los tomates deshidratados, el ajo, los granos de pimienta, el tomillo limón y la paprika. Colocar la mantequilla sobre plástico adherente, formar un rollo de 15 cm de largo, enrollar los extremos para sellar. Refrigerar hasta que se utilice.

2 Asar las chuletas en la parrilla hasta que estén doradas por ambos lados y tengan el término deseado. Retirar de la parrilla, tapar para mantener calientes.

3 Asar los tomates, con el corte hacia abajo, sobre la charola de la parrilla, hasta que estén dorados y suaves.

4 Cortar el rollo de mantequilla en rodajas de 2 cm de grosor.

5 Servir las chuletas con los tomates sobre puré de papas y hojas de rúcula, colocar las rodajas de la mantequilla encima. Decorar con tomillo limón. **Porciones 4**

FILETE DE CERDO A LA PARRILLA

Ingredientes

2 filetes medianos de cerdo

2 cucharadas de miel

1 cucharadita de cinco especias

2 cucharaditas de aceite de ajonjolí

3 cucharadas de salsa de soya

1cm de jengibre, finamente rallado

Preparación

1 Quitar el exceso de grasa de los filetes. En un recipiente colocar la miel, las cinco especias, el aceite de ajonjolí, la salsa de soya y el jengibre, mezclar bien. Añadir la carne y bañar con la mezcla. Tapar y dejar marinar durante 1 hora a temperatura ambiente o durante la noche en el refrigerador.

2 Asar durante 10 minutos o hasta que la carne esté cocida. Servir con ensalada verde y decorada con rebanadas de pimiento. **Porciones 4**

CHULETAS DE CERDO CON MANTEQUILLA DE TOMATES DESHIDRATADOS

FILETES DE CERDO CON AJO Y PURÉ DE CILANTRO

Ingredientes

1 filete de cerdo de 450g aproximadamente

¼ taza de cilantro, picado

Puré de cilantro

400g de papas, peladas, cortadas a la mitad

200g de camote, pelado, cortado a la mitad

20g de mantequilla

½ taza de leche

2 dientes de ajo, machacado

¼ taza de cilantro, picado

Preparación

1 Quitar los tendones de la carne, frotar con la primera cantidad de cilantro. Tapar y dejar reposar durante 30 minutos a temperatura ambiente.

2 Mientras, preparar el puré. En agua salada hervir las papas y el camote hasta que estén suaves. Colar y devolver a la cacerola caliente. Machacar junto con la mantequilla, la leche, el ajo y la otra porción de cilantro. Batir bien hasta que la mezcla esté suave. Tapar y mantener caliente.

3 Calentar la parrilla a intensidad media-alta. Colocar el filete sobre la parrilla y sellarlo uniformemente. Reducir la intensidad del fuego y asar de 12 a 15 minutos hasta que tome el término deseado. Dejar reposar durante 5 minutos envuelto en papel aluminio, cortar en rebanadas gruesas en diagonal. Servir el puré de cilantro en un plato y acomodar las rebanadas de cerdo encima. Servir de inmediato. **Porciones 4**

CERDO A LA PARRILLA CON MOSTAZA DE CHABACANO

Ingredientes

4–8 filetes o chuletas de cerdo

2 cucharadas de aceite de oliva

Sal y pimienta

Mostaza de chabacano

80g de chabacanos secos, rebanados o picados

1 taza de agua

4 cucharadas de mostaza de grano entero

1 cucharada de miel

Preparación

1 Barnizar ambos lados de la carne con el aceite y sazonar con sal y pimienta.

2 Calentar la parrilla. Asar la carne de 3 a 4 minutos por lado o hasta que el jugo de cocción salga claro —evitar cocer en exceso—. Dejar reposar durante unos minutos en un extremo de la parrilla.

3 Para hacer la mostaza de chabacano, colocar todos los ingredientes en una cacerola, hervir a fuego lento de 1 a 2 minutos hasta que esté ligeramente espesa, reservar.

4 Servir la carne con la mostaza de chabacano y una ensalada fresca. **Porciones 4**

HAMBURGUESAS DE CERDO Y DÁTILES

Ingredientes

500g de carne de cerdo, molida, magra
¼ taza de dátiles frescos, finamente picados
1 cucharadita de cardamomo molido (semillas aromáticas de sabor, intenso, algo cítrico y dulce)
¼ cucharadita de clavos molidos
1cm de jengibre, rallado
1 limón verde, fresco
¼ taza de menta, picada
1 huevo, ligeramente batido
1 berenjena mediana
3 cucharadas de aceite de oliva
8 trozos de pimiento rojo, asados
Hojas de rúcula
Condimento de cebolla (opcional)

Preparación

1 Mezclar la carne de cerdo, los dátiles, el cardamomo, los clavos, el jengibre, el jugo y la ralladura fina del limón, la menta y el huevo. Hacer 8 tortitas con la mezcla. Tapar y refrigerar durante 30 minutos.

2 Cortar la berenjena en rebanadas de 1cm de grosor. Asar en la parrilla durante 10 minutos o hasta que estén ligeramente doradas, barnizar con 2 cucharadas del aceite durante la cocción.

3 Mientras, calentar el resto del aceite en la plancha de la parrilla a intensidad media-baja, freír las tortitas de 12 a 14 minutos o hasta que el jugo de cocción salga claro. Voltear de 2 a 3 veces durante la cocción.

4 Servir las hamburguesas de cerdo con el pimiento, las hojas de rúcula y el condimento de cebolla.
Porciones 4

CHULETAS DE CERDO A LA PARRILLA

Ingredientes

4 chuletas de lomo de cerdo

2 cucharadas de salsa teriyaki (ver página 116)

2cm de jengibre, rallado

1 cucharadita de aceite de ajonjolí

¼ taza de cilantro, picado

Preparación

1 Colocar la carne en un tazón. Añadir la salsa teriyaki, el jengibre, el aceite de ajonjolí y el cilantro. Marinar durante 1 hora mínimo, volteando ocasionalmente.

2 Asar a la parrilla las chuletas de 4 a 6 minutos por lado a intensidad media-alta. Asar hasta que estén firmes y suaves. Evitar cocer en exceso.

3 Retirar del fuego y dejar reposar de 2 a 3 minutos en un lugar caliente antes de servir. **Porciones 4**

COSTILLAR DE CERDO GLASEADO

Ingredientes

1kg de costillar de cerdo (estilo americano)

1 taza de marinada de soya y miel (ver a continuación)

Marinada de soya y miel

½ taza de salsa de soya

4 cucharadas de miel

2 cucharaditas de mirin (vino de arroz que se usa como condimento en la comida japonesa)

4 dientes de ajo, machacados

2cm de jengibre, rallado

Preparación

1 Colocar el costillar sobre una hoja grande de papel aluminio y bañar generosamente por ambos lados con la marinada. Envolver el costillar con dos hojas de papel aluminio, doblar bien los extremos para evitar que el jugo se salga. Dejar reposar durante 30 minutos antes de cocer. Colocar en el refrigerador hasta la cocción.

2 Preparar la parrilla para fuego directo. Colocar una rejilla alta sobre la parrilla, a 2.5cm de ésta. Colocar el costillar envuelto sobre la rejilla y asar durante 10 minutos por lado.

3 Pasar a un platón, desenvolver el costillar y desechar el papel, regresar el costillar a la rejilla. Cocinar durante aproximadamente 10 minutos más, barnizando con marinada fresca y volteando cada minuto hasta que el costillar esté bien dorado y crujiente. El tiempo total de cocción es de 30 a 35 minutos. **Porciones 4**

Marinada de soya y miel

1 Mezclar todos los ingredientes. **Rinde 1 taza**

El costillar puede cocerse en una parrilla con tapa con fuego indirecto sin necesidad de envolverlo en papel aluminio. Colocar el costillar sobre el fuego indirecto después de marinarlo. Barnizar y voltear con frecuencia durante 1 hora o más y volver a tapar. El costillar envuelto y cocido a fuego directo reduce a la mitad el tiempo de cocción.

BROCHETAS DE CERDO CON PASAS, PIÑONES Y ADEREZO DE HIERBAS

Ingredientes

500g de carne magra de cerdo, cortada en cubos de 3cm
2 cucharaditas de aceite de oliva, más extra para cocinar
3 limones en conserva (enjuagados)
⅓ taza de pasas
2 cucharadas de jugo de limón amarillo, fresco
¼ taza de piñones, tostados
1cm de jengibre, finamente rallado
¼ taza de aceite de oliva extra virgen
Sal de mar
Pimienta recién machacada
¼ taza de perejil fresco, picado grueso
¼ taza de cilantro fresco, picado

Preparación

1 Remojar en agua 8 brochetas de bambú de 1 a 2 horas. En un recipiente colocar la carne y frotar bien con aceite. Cortar cada limón en conserva en 5 trozos. Encajar de 4 a 5 trozos de carne en cada brocheta con 2 trozos de limón.

2 En un tazón mezclar las pasas con el jugo de limón y dejar reposar durante 5 minutos. Agregar los piñones, el jengibre y el aceite de oliva, sazonar con sal y pimienta, revolver ligeramente con un tenedor. Añadir el perejil y el cilantro, mezclar bien.

3 Asar de 5 a 6 minutos a fuego medio-alto sobre la parrilla ligeramente engrasada o hasta que el jugo de cocción salga claro al perforar la carne con un tenedor, voltear de 2 a 3 veces.

4 Servir las brochetas con ensalada verde y verter encima el aderezo de pasas y piñones. **Porciones 4**

CERDO CON TORTILLAS Y CHILE

Ingredientes

500g de tiras de cerdo
8 tortillas de harina
16 hojas de lechuga, grandes
1 taza de salsa de tomate
Crema agria reducida en grasas

Especias para untar
2 cucharadas de aceite vegetal
3 dientes de ajo, machacados
Salsa Tabasco, al gusto
1 cucharadita de orégano seco
Pimienta inglesa o comino molido, al gusto
Sal y pimienta

Preparación

1 Quitar el exceso de grasa de la carne y colocar en un tazón. Mezclar las especias para untar. Añadir la mezcla de las especias al tazón y dejar reposar durante 15 minutos mínimo.

2 Calentar la plancha de la parrilla a intensidad media. Asar la carne en 1 o 2 tandas durante 1 minuto hasta que tomen término medio. Evitar cocer en exceso.

3 Servir sobre las tortillas calientes con la lechuga, la salsa de tomate y una cucharada de crema agria. Enrollar las tortillas. Espolvorear chile o queso rallado, o bañar la lechuga con aderezo (opcional). Agregar salsa Tabasco y chile al gusto. Porciones 4

SALCHICHAS DE CERDO GLASEADAS

Ingredientes

1kg de salchichas de cerdo, gruesas
Aceite para cocinar
Marinada de miel y chile (ver página 22)

Preparación

1 Enderezar las salchichas y encajar una brocheta en el centro de cada una, a lo largo. Si las brochetas son demasiado largas, encajar dos salchichas en cada una.

2 Calentar la parrilla a intensidad media. Engrasar la parrilla, colocar las salchichas, rodarlas hacia delante y hacia atrás para asarlas de manera uniforme, hasta que cambien de color. Este método hace que la piel se expanda sin que se las salchichas se quemen.

3 Colocar las salchichas sobre el fuego indirecto y barnizar con la marinada. Bajar la tapa de la parrilla y cocer de 20 a 25 minutos. Barnizar 3 veces más durante la cocción. Retirar las brochetas para la cocción final. Porciones 4

ENSALADA DE CERDO CON BAYAS DE ENEBRO

Ingredientes

800g de rib eye de cerdo

2 cucharaditas de bayas de enebro, finamente machacadas

Ralladura fina de 1 naranja

½ taza de jugo de naranja fresco

2 cucharadas de aceite de oliva, más extra para cocinar

250g de hojas mixtas para ensalada verde

Rábano en rodajas (opcional)

Aderezo

½ taza de aceite de oliva

3 cucharadas de vinagre de vino tinto

Ralladura fina de 1 naranja

1 cucharadita de miel

Sal de mar

Pimienta negra machacada

Preparación

1 Quitar la grasa de la carne. En un recipiente grande mezclar las bayas de enebro, la ralladura y el jugo de naranja y el aceite. Añadir la carne y bañar bien con la marinada. Tapar y dejar reposar durante 45 minutos, volteando una vez y frotando las bayas en la carne.

2 Precalentar la parrilla, tapada, a intensidad media. Retirar la carne de la marinada y sellar uniformemente sobre la plancha ligeramente engrasada, colocar la carne en un recipiente de aluminio para la parrilla.

3 Cocer a intensidad media de 50 a 60 minutos por kilo, o hasta que la temperatura interior alcance los 70–75°C.

4 Mientras, en un frasco con tapa de rosca colocar el aceite de oliva, el vinagre, la ralladura, la miel, la sal y la pimienta, agitar bien para mezclar.

5 Dejar reposar la carne durante 10 minutos antes de cortarla en rebanadas finas.

6 Colocar las hojas de ensalada en platos para servir junto con el rábano, bañar con el aderezo y colocar las rebanadas de carne encima. Servir de inmediato. **Porciones 4**

BROCHETAS HAWAIANAS DE CERDO

Ingredientes

750g de carne de cerdo sin hueso, cortada en cubos de 2.5cm

Marinada de soya y miel (ver página 62)

½ piña, cortada en cubos

2 pimientos rojos, cortados en cubos

1 cebolla pequeña, cortada en cuartos, separados

Aceite para cocinar

Preparación

1 En un recipiente que no sea de metal colocar los cubos de cerdo y verter suficiente marinada para bañarlos bien. Tapar y dejar reposar durante 30 minutos a temperatura ambiente o por más tiempo en el refrigerador.

2 Encajar la carne en las brochetas, alternando con la piña, el pimiento y los trozos de cebolla, barnizar con la marinada. Preparar la parrilla para fuego indirecto. Colocar las brochetas en la parrilla engrasada y barnizar bien con la marinada. Bajar la tapa de la parrilla, cocer de 25 a 30 minutos, volteando una o dos veces y barnizando con la marinada. **Porciones 4**

COSTILLAS DE CERDO CON CHILE

Ingredientes

4 costillares pequeños de cerdo

Pimienta negra recién molida

½ taza de jugo de manzana

¼ taza de jugo de limón verde

Unas gotas de salsa Tabasco

Aceite para cocinar

Aderezo de manzana y chile

1 cucharada de aceite vegetal

2 cebollas, finamente picadas

2 dientes de ajo, machacado

1 chile rojo fresco, sin semillas, finamente picado

125g de puré de manzana de lata

1 taza de gelatina de manzana

½ taza de jugo de manzana

2 cucharadas de jugo de limón verde

Pimienta negra recién molida

Preparación

1 Colocar las costillas en un recipiente de cerámica o de metal y sazonar con pimienta negra. Mezclar el jugo de manzana, el jugo de limón y la salsa Tabasco, verter la mezcla sobre las costillas. Tapar y refrigerar de 1 a 2 horas.

2 Para hacer el aderezo, en una cacerola calentar el aceite a fuego medio y saltear las cebollas, el ajo y el chile durante 10 minutos o hasta que las cebollas estén suaves. Añadir el puré de manzana, la gelatina y el jugo de manzana, cocinar a fuego lento durante 15 minutos o hasta que la mezcla espese, revolviendo frecuentemente. Verter el jugo de limón, sazonar al gusto con pimienta negra, cocer durante 15 minutos o más, hasta que la mezcla espese.

3 Precalentar la parrilla a intensidad media. Colar las costillas y sellar sobre la parrilla ligeramente engrasada durante 5 minutos por lado, barnizando con la mezcla reservada del jugo de manzana. Después barnizar las costillas con el aderezo caliente y asar durante 5 minutos más, volteando. Servir las costillas con el resto del aderezo. **Porciones 4**

La combinación de la manzana con chile realza el sabor de las costillas.

BROCHETAS DE CERDO CON COMINO

Ingredientes

500g de carne de cerdo, magra
1 cucharada de comino molido
¼ cucharadita de pimienta de Cayena
1 cucharadita de perejil seco
1 cucharadita de orégano seco
2 cucharadas de aceite de oliva

Preparación

1 Remojar 8 brochetas en agua de 1 a 2 horas. Cortar la carne en cubos de 2cm. Mezclar el comino, la pimienta de Cayena, el perejil y el orégano. Frotar la carne con la mezcla de las especias y encajar en las brochetas.

2 Barnizar ligeramente las brochetas con aceite antes y durante la cocción. Asar sobre la parrilla ligeramente engrasada a intensidad media-alta de 5 a 6 minutos (volteando de 2 a 3 veces) o hasta que el jugo de cocción salga claro cuando se perfore con un palillo.

3 Dejar reposar la carne durante unos minutos antes de servir.

4 Servir sobre una cama de cuscús. **Porciones 4**

CHULETAS DE CERDO CON ARROZ Y MANZANAS GLASEADAS

Ingredientes

4 chuletas de lomo de cerdo (de 15mm de grosor)

Sal y pimienta

Aceite para cocinar

1 taza de marinada de soya y miel (ver página 62)

2 manzanas grandes, sin centro, rebanadas en anillos gruesos

2 cucharaditas de chile en polvo

3 tazas de arroz cocido

Preparación

1 Quitar la grasa de las chuletas, espolvorear con un poco de sal y pimienta.

2 Calentar la parrilla a intensidad alta y engrasar las barras. Colocar las chuletas sobre la parrilla y sellar durante 1 minuto por lado, volteando y barnizando con la marinada para glasearlas. Continuar volteando 4 o 5 veces más a intervalos de 2 minutos hasta que tomen el término deseado. No cocer en exceso. El tiempo de cocción es de 10 a 15 minutos, dependiendo del grosor de las chuletas y del tipo de parrilla.

3 Colocar los aros de manzana sobre la parrilla un poco después de comenzar a cocer las chuletas. Voltear de 2 a 3 veces hasta que estén suaves. Colocar un pedazo de papel para hornear debajo de las manzanas para evitar que se quemen. Si se usa parrilla de carbón, barnizar el papel con aceite.

4 Mezclar el arroz cocido con el chile, colocar en un recipiente de aluminio o de metal y calentar en un extremo de la parrilla. Servir las chuletas con el arroz y decorar con los aros de manzana glaseados. Porciones 4

CERDO A LA PIMIENTA

Ingredientes

4–8 chuletas o filetes de cerdo

Aceite para barnizar

Sal gruesa molida y granos de pimienta mixtos, molidos

Salsa de carne (gravy)

Salsa de manzana

Gratín de verduras

4 papas medianas, peladas

2 zanahorias, peladas

2 chirivías, peladas (raíz de mucho sabor, parecida a la zanahoria)

30g de mantequilla, al gusto

1 taza de leche

50g de queso parmesano, rallado

Preparación

1 Quitar el exceso de grasa de la carne, barnizar con aceite de oliva, sazonar con sal recién molida y con granos de pimienta molida. Calentar la parrilla a intensidad alta.

2 Asar la carne hasta que llegue a término medio. Dejar reposar durante unos minutos en un lugar caliente.

3 Servir con el gratín de verduras, la salsa de carne y la salsa de manzana. Para un sabor diferente, sazonar con nuez moscada y perejil picado.

Gratín de verduras

1 Cortar las verduras en cubos y lavar. Cocer en agua con un poco de sal hasta que estén suaves. Colar, machacar y mezclar con la mantequilla y la leche. Sazonar si es necesario. Colocar el puré en un recipiente para horno, espolvorear el queso parmesano y hornear hasta que esté dorado y caliente. Porciones 4

FILETES PICANTES DE CERDO CON POLENTA ASADA

Ingredientes

- 4 filetes de cerdo, de 250g cada uno
- 165g de pesto de tomates deshidratados
- ¼ taza de albahaca, picada
- 2 cucharadas de jugo de limón amarillo
- 1 cucharada de aceite de oliva, y extra para cocinar

Polenta

- 4 tazas de agua
- 1 cucharadita de sal
- 1 taza de polenta instantánea (puré de sémola de maíz italiano)
- 90g de mantequilla
- 80g de queso parmesano, rallado
- ¼ taza de albahaca, picada
- ¼ taza de aceite de oliva

Preparación

1 Con la punta de un cuchillo filoso retirar la membrana blanca de los filetes. Mezclar el pesto de tomates deshidratados, la albahaca, el jugo de limón y el aceite de oliva para hacer una marinada. Colocar los filetes en un recipiente grande y bañar con la mitad de la marinada (reservar el sobrante). Tapar y marinar durante 30 minutos a temperatura ambiente o durante más tiempo en el refrigerador.

2 Para hacer la polenta, en una cacerola grande colocar agua con sal, dejar que suelte el hervor. Añadir la polenta y revolver constantemente hasta que comience a espesar. Reducir a fuego lento y continuar revolviendo durante 5 minutos. Retirar del fuego y agregar la mantequilla, el queso parmesano y la albahaca.

3 Engrasar un recipiente para hornear de 25 x 25 cm, verter la mezcla de la polenta, esparcirla de manera uniforme para obtener un grosor de 2.5cm. Refrigerar de 1 a 2 horas.

4 Preparar la parrilla para fuego indirecto. Colocar los filetes en la parrilla engrasada sobre la charola para recolectar los jugos. Bajar la tapa y cocer durante 40 minutos. Barnizar dos veces con un poco de la mezcla del pesto usada para marinar. Cuando los filetes estén casi cocidos, cortar la polenta en cuatro porciones, retirar del recipiente y barnizar con aceite. Colocar los trozos de polenta a fuego directo y cocer durante 4 minutos por lado o hasta que estén dorados. Para servir cortar los filetes en rebanadas diagonales de 2.5cm de grosor. Colocar un filete sobre cada porción de polenta y la mezcla caliente de pesto encima. Servir con verduras. **Porciones 4**

ASADO DE SALCHICHAS

Ingredientes

1kg de salchichas de cerdo o de res, gruesas

Aceite para cocinar

Marinada de miel y chile (ver página 22)

500g de cebollas, en rebanadas finas

Preparación

1 En una cacerola grande colocar las salchichas y cubrir con agua fría. Calentar a fuego lento hasta que suelten el hervor, dejar a fuego lento durante 5 minutos. Colar bien. Refrigerar hasta usarse.

2 Calentar la parrilla a intensidad alta y engrasar. En un recipiente resistente al calor verter la marinada de miel y chile, colocar el recipiente en un extremo de la parrilla. Acomodar las salchichas en la parrilla o en la plancha y barnizar con la marinada. Asar durante 1 minuto, barnizar con la marinada y voltear las salchichas, continuar barnizando y volteando durante 10 minutos hasta que estén bien glaseadas y cocidas. Barnizar por última vez antes de pasarlas a un platón para servir.

3 Para cocer las cebollas, engrasar la plancha y colocar las rebanadas de cebolla. Voltear a intervalos y bañar con un poco de aceite mientras se fríen. Servir las salchichas con las cebollas acompañadas de ensalada y pan de ajo. **Porciones 4**

Las salchichas de cerdo o de res se hierven a fuego lento antes de asarlas a la parrilla para evitar que se abran y para reducir el tiempo de cocción en la parrilla.

REBANADAS DE CERDO E HÍGADOS DE POLLO A LA PARRILLA

Ingredientes

500g de lomo de cerdo en trozo, sin hueso

12 hígados de pollo

½ taza de salsa hoisin (salsa china elaborada de soya fermentada, ajo, vinagre y chile)

¼ taza de salsa de ciruelas

¼ taza de salsa de soya

¼ taza de vino blanco seco

3 cucharadas de azúcar

3 dientes de ajo, machacados

1 cucharadita de aceite de ajonjolí

4 cebollas de cambray

Preparación

1 Cortar la carne en 24 rebanadas finas. Cortar los hígados de pollo por la mitad. En una cacerola blanquear los hígados en agua hirviendo durante 1 minuto y colar.

2 En un tazón mezclar el resto de los ingredientes excepto las cebollas de cambray. Pasar la mitad de la mezcla a otro tazón. Añadir la carne de cerdo a un tazón y los hígados al otro. Bañar la carne y los hígados con la mezcla y marinar durante 30 minutos. Cortar las cebollas en 24 piezas, de 3 cm cada una, aproximadamente.

3 Colar la carne y los hígados, reservar la marinada. Envolver medio hígado y 1 trozo de cebolla en una rebanada de carne y asegurarla con un palillo. Repetir el procedimiento con el resto de los ingredientes.

4 Colocar los rollos sobre la parrilla a 15 cm del carbón. Barnizar con la marinada reservada. Asar durante 5 minutos por lado, bañar una o dos veces durante la cocción con la marinada. **Porciones 4**

LOMO DE CERDO RELLENO DE TOMATES DESHIDRATADOS Y MANZANA

Ingredientes

800g de trozo de lomo de cerdo, sin hueso, con cordón (ver nota más abajo)

¼ taza de pesto de tomates deshidratados

½ taza de marinada de miel y chile (ver página 22)

Relleno de tomates deshidratados y manzana

½ taza de pan blanco molido

1 cucharada de pesto de tomates deshidratados

½ manzana roja, pelada, en rebanadas finas

1 cucharada de marinada de miel y chile (ver página 22)

Sal y pimienta

Preparación

1 Con un cuchillo filoso cortar la carne siguiendo un patrón de diamante. Mezclar los ingredientes del relleno y colocarlo en el interior del corte, presionando contra la carne. Enrollar la carne y asegurar con brochetas, atar el trozo de carne con cordón de cocina a intervalos de 2.5cm. Retirar las brochetas después de atarlo.

2 Frotar el pesto de tomates en la carne enrollada. Preparar la parrilla para fuego indirecto a intensidad normal o media. Colocar el trozo de carne sobre la charola para recolectar los jugos, bajar la tapa y cocer durante 50 minutos. Glasear con la marinada cada 10 minutos durante 45 a 55 minutos —el tiempo total de cocción es de aproximadamente 1¼–1¾ horas—. La temperatura interior debe alcanzar los 75–77°C.

3 Cuando esté cocida envolver la carne en papel aluminio y dejar reposar durante 15 minutos. Cortar en rebanadas y servir con manzanas rellenas y verduras al gusto. **Porciones 4**

Se recomienda pedir el trozo de lomo con el cordón o tejido conectivo con 2 días de antelación puesto que no suele dejarse en el lomo.

BROCHETAS DE CERDO Y CHAMPIÑONES CON ACEITUNAS NEGRAS

Ingredientes

500g de carne magra de cerdo
200g de champiñones, en trozos
1 diente de ajo, finamente picado
¼ taza de perejil finamente picado
¼ taza de aceitunas negras, sin hueso, finamente picadas
1 limón verde fresco
¼ taza de aceite de oliva, más extra para cocinar
Pimienta negra machacada

Preparación

1 Remojar 8 brochetas en agua durante 1–2 horas. Cortar la carne en cubos de 2cm. Encajar los cubos de carne y los champiñones en las brochetas —aproximadamente 3 piezas de cada uno por brocheta.

2 Mezclar el ajo, el perejil, las aceitunas, la ralladura y el jugo del limón, el aceite y la pimienta.

3 Asar a fuego medio-alto sobre la parrilla ligeramente engrasada de 5 a 6 minutos o hasta que los jugos de cocción salgan claros al perforar la carne con un tenedor, voltear de 2 a 3 veces. Barnizar las brochetas dos veces con el aceite durante la cocción.

4 Servir las brochetas y colocar encima la mezcla restante de las aceitunas.

5 Acompañar con rodajas de papa y ensalada. **Porciones 4**

BISTECES DE LOMO DE CERDO CON HIERBAS FRESCAS Y MOSTAZA

Ingredientes

4 bisteces de lomo o de pierna de cerdo
1½ cucharadas de mostaza de grano entero
1 manojo pequeño de cebollín, picado
¼ taza de cilantro, picado
¼ taza de albahaca, picada
2 cucharaditas de aceite de oliva, más extra para cocinar

Preparación

1 Quitar el exceso de grasa de la carne. En un tazón colocar la mostaza, el cebollín, el cilantro y la albahaca, mezclar bien. Frotar la mostaza y las hierbas por ambos lados de los filetes.

2 Asar sobre la parrilla ligeramente engrasada de 2 a 3 minutos por lado, dependiendo del grosor, a intensidad media-alta. Dejar reposar durante unos minutos antes de servir.

3 Servir con puré de papas con ajo y ejotes mixtos al vapor. **Porciones 4**

BROCHETAS DE CERDO CON LIMONCILLO

Ingredientes

500g de carne de cerdo en tiras
Aceite para freír

Marinada

3 dientes de ajo, machacados
1 ramita de limoncillo, magullada, rebanada a lo largo
¼ taza de cilantro, picado
1 cucharada de azúcar morena
½ cucharadita de cilantro molido
¼ cucharadita de pimienta blanca
2 cucharadas de salsa de soya, reducida en sales
2 cucharadas de salsa de pescado
2 cucharadas de aceite de ajonjolí
3 cucharadas de agua fría

Preparación

1 Quitar el exceso de grasa de la carne. Mezclar los ingredientes de la marinada.

2 Encajar una o dos tiras de carne en 12 brochetas, marinar por lo menos durante 20 minutos.

3 Calentar la parrilla a intensidad media-alta. Engrasar la plancha y asar de 1 a 2 minutos por lado o hasta que lleguen a término medio. No cocer en exceso. Servir con salsa de chile dulce. **Rinde 12 brochetas**

FILETES DE CERDO RELLENOS DE MANZANA

Ingredientes

4 filetes de cerdo corte mariposa
Aceite para cocinar

Relleno de manzana

30g de mantequilla
1 cebolla, finamente picada
2 tiras de tocino, finamente picadas
1 manzana, pelada, sin centro, finamente picada
1 taza de pan molido, hecho de pan seco
1 huevo, ligeramente batido
150g de queso mozarella, en cubos pequeños
¼ taza de perejil fresco, picado
Pimienta negra recién molida

Preparación

1 Colocar los filetes sobre una superficie lisa y aplanarlos ligeramente con un mazo.

2 Para hacer el relleno, en una sartén derretir la mantequilla, freír la cebolla y el tocino de 4 a 5 minutos o hasta que el tocino esté crujiente. Añadir la manzana y cocinar hasta que esté suave. Transferir la mezcla de la manzana a un tazón junto con el pan molido, el huevo, el queso mozarella y el perejil, mezclar bien. Sazonar al gusto con pimienta negra.

3 Precalentar la parrilla a intensidad media. Colocar varias cucharadas del relleno en un extremo de cada filete, enrollar y asegurar con palillos. Asar sobre la parrilla ligeramente engrasada de 5 a 6 minutos por lado, o hasta que los filetes estén cocidos. **Porciones 4**

CHULETAS DE CERDO CON ARÁNDANOS Y MANZANAS

Ingredientes

4 chuletas de lomo cerdo

2 cucharaditas de aceite vegetal

1 cebolla morada mediana, en cuartos, finamente rebanada

Ralladura fina de 1 naranja pequeña

¼ taza de jugo de naranja fresco

¼ taza de jerez seco

1 cucharadita de mostaza de Dijon

½ taza de arándanos secos

1 manzana roja, en cuartos, en rebanadas medianas

Preparación

1 Quitar el exceso de grasa de las chuletas. En una sartén calentar el aceite a fuego medio, añadir la cebolla y saltear durante 3 minutos o hasta que esté ligeramente suave. Agregar la ralladura y el jugo de naranja, el jerez, la mostaza, los arándanos y las rebanadas de manzana, revolver bien. Cocer a fuego medio durante 5 minutos, revolviendo ocasionalmente, la manzana debe quedar ligeramente crujiente.

2 Mientras, asar las chuletas de cerdo en la parrilla ligeramente engrasada de 4 a 6 minutos por lado, dependiendo del grosor, a fuego medio-alto.

3 Dejar reposar la carne durante unos minutos antes de servir con los arándanos y las manzanas cocidos.
Porciones 4

CERDO AHUMADO

Ingredientes

800g de costillas de lomo
1 cucharada de paprika
½ cucharada de pimienta de Cayena
½ cucharadita de sal
1 cucharadita de pimienta negra recién molida
1 cucharadita de mostaza
1 diente de ajo, finamente machacado

Preparación

1 Quitar el exceso de grasa de la carne. Mezclar la paprika, la pimienta de Cayena, la sal, la pimienta negra, la mostaza y el ajo. Frotar la mezcla contra el lado grueso de la carne.

2 Encender los quemadores laterales de la parrilla a intensidad alta. Colocar trozos de madera en un ahumador para carne. Colocar el ahumador en la plancha, en el centro de la parrilla, lejos del fuego directo. De manera alternativa, colocar una charola para recolectar el jugo debajo de las barras de la parrilla y colocar la carne directamente en el centro de ésta. Cuando la madera comience a ahumar, bajar la intensidad a media-baja. Colocar la carne, con el lado frotado hacia arriba, sobre la charola para recolectar el jugo. Tapar y cocer durante 1 hora.

3 Retirar la carne de la parrilla, tapar con papel aluminio y dejar reposar durante 15 minutos. Cortar la carne en chuletas gruesas y servir con verduras verdes. **Porciones 4**

BROCHETAS DE CERDO SATAY

Ingredientes

500g de carne magra de res en tiras o en cubos
Pimienta negra recién molida
1 cucharada de aceite de canola
1 taza de marinada satay (ver página 48)

Preparación

1 Remojar 8 brochetas de bambú en agua durante 1 hora mínimo.

2 Encajar la carne en las brochetas, sazonar con pimienta y barnizar con el aceite.

3 Asar a la parrilla de 2 a 3 minutos para la carne en tiras; de 8 a 10 minutos para la carne en cubos.

4 Servir con la marinada satay, arroz hervido y ensalada de pepino y menta. **Rinde 8 brochetas**

CHULETAS DE CERDO CON PESTO DE PISTACHES Y RÚCULA

Ingredientes

4 chuletas de cerdo
100g de pistaches, sin cáscara
1 diente de ajo
½ taza de hojas de rúcula frescas
⅓ taza de aceite de oliva extra virgen, más extra para cocinar

Preparación

1. Quitar el exceso de grasa de la carne. En un procesador de alimentos colocar los pistaches, el ajo, la rúcula y el aceite, procesar hasta formar una pasta gruesa.
2. Asar las chuletas de cerdo en la parrilla ligeramente engrasada a intensidad media-alta de 4 a 6 minutos por lado, dependiendo del grosor. Dejar reposar durante unos minutos antes de servir con el pesto.
3. Servir con rodajas de camote. **Porciones 4**

MINI BROCHETAS DE CERDO A LA PARRILLA

Ingredientes

500g de lomo de cerdo

1 taza de marinada satay (ver página 48)

400g de piña de lata, en trozos, colada

1 cebolla morada pequeña, en cuartos, separada

1 pimiento rojo, en cubos

1 pimiento verde, en cubos

Preparación

1 Cortar la carne en cubos de 2 cm, colocar la carne un tazón y bañar bien con la mitad de la marinada. Tapar y dejar reposar durante 30 minutos mínimo.

2 Colar la carne y reservar la marinada para barnizar. Encajar la carne, la piña y las verduras alternadamente en las brochetas.

3 Calentar la parrilla a intensidad alta. Asar las brochetas de 5 a 6 minutos, bañando con la marinada, hasta que tomen término medio y los jugos de cocción salgan claros. Voltear ocasionalmente durante la cocción, evitar cocer en exceso.

4 Dejar reposar durante unos minutos y servir con la marinada reservada como salsa para remojar. **Rinde 24 brochetas pequeñas**

COSTILLAS DE CERDO PICANTES

Ingredientes

1½ kg de costillar de cerdo

1 diente de ajo

1 taza de chutney de frutas (conserva agridulce para acompañar carne y aves)

2 cucharadas de salsa inglesa

1 cucharada de mostaza de grano entero

Preparación

1 Separar las costillas en unidades. Quitar la membrana fina de la parte posterior de las costillas. En un procesador de alimentos colocar el ajo, el chutney, la salsa inglesa y la mostaza, procesar hasta que la mezcla esté suave.

2 Bañar las costillas con la mezcla. Encender los quemadores laterales y precalentar la parrilla a intensidad media-baja. Colocar las costillas en la plancha en el centro de la parrilla, lejos del fuego directo. De manera alternativa, colocar una charola para recolectar los jugos debajo de las barras y colocar la carne sobre la parrilla, en la parte del centro. Tapar y dejar las costillas de 45 a 55 minutos o hasta que estén cocidas. Servir con verduras asadas.

Costillas ahumadas

1 Colocar tiras de madera en un ahumador para carne. Precalentar la parrilla a intensidad alta. Reducir a intensidad media cuando empiece a ahumar. Colocar las costillas en la plancha en el centro de la parrilla, lejos del fuego directo, y cocer de 45 a 55 minutos. **Porciones 4**

CHULETAS DE CERDO CON SALSA DE ACEITUNAS Y TORONJA

Ingredientes

14 chuletas o filetes de cerdo

1 cucharada de aceite de oliva

Sal

Pimienta recién machacada

Salsa

8 aceitunas negras, finamente picadas

1 toronja, pelada, cortada en trozos pequeños

½ taza de perejil, picado grueso

1½ cucharaditas de alcaparras baby

2 cucharaditas de aceite de oliva extra virgen

Preparación

1 Quitar el exceso de grasa de la carne, barnizar ligeramente con aceite y sazonar con sal y pimienta.

2 Para hacer la salsa, mezclar las aceitunas, la toronja, el perejil, las alcaparras y el aceite de oliva

3 Asar la carne en la parrilla ligeramente engrasada a fuego medio-alto de 4 a 6 minutos por lado, dependiendo del grosor. Dejar reposar durante unos minutos antes de servir con la salsa.

4 Servir con brochetas de papa y calabaza y ensalada verde. **Porciones 4**

PAQUETITOS DE CERDO TANDOORI CON MANGO

Ingredientes

4 filetes de lomo o de pierna de cerdo

¼ taza de pasta tandoori (ver página 87)

455g de mango de lata, en rebanadas

125g de yogur natural

¼ taza de cilantro, picado

2 cucharaditas de aceite vegetal

4 panes pita

1 cebolla morada mediana, en rebanadas finas

30 hojas de rúcula

Preparación

1 En un tazón colocar la carne y la pasta tandoori, bañar bien. Tapar y dejar marinar durante 30 minutos.

2 Colar bien las rebanadas de mango. Mezclar el yogur y el cilantro, tapar y refrigerar.

3 Colocar la carne en la parrilla caliente o en la plancha, asar de 3 a 4 minutos por lado, dependiendo del grosor. Dejar reposar durante unos minutos antes de cortar en trozos de 1 cm de ancho.

4 Cortar el pan pita por la mitad, untar cada mitad con el yogur de cilantro. Añadir la carne y las rebanadas de mango, la cebolla y la rúcula. Porciones 4

ENVUELTO DE CERDO A LA PARRILLA

Ingredientes

4 filetes de cerdo cortados en mariposa

Aceite

1 cucharada de sazonador cajun

2 cebollas medianas, rebanadas

4 panes pita, lavash o tortillas

250g de hojas de rúcula

1 pepino, rebanado

1 aguacate, rebanado

8 tomates cherry, en mitades

1 cebolla de cambray, finamente rebanada

Salsa barbecue

Preparación

1 Cortar los filetes por la mitad. Barnizar ambos lados con el aceite de oliva y sazonar con el sazonador cajun.

2 Calentar la parilla y engrasar. Asar las cebollas y mantener calientes. Asar la carne durante 1 minuto por lado hasta que tome término medio y los jugos de cocción salgan claros. No cocer en exceso.

3 Calentar el pan pita, colocar encima las cebollas, la rúcula, el pepino, el aguacate, los tomates, las cebollas de cambray y la salsa barbecue. Enrollar y servir. Porciones 4

COSTILLAS DE CERDO ESPECIADAS

Ingredientes

1½ kg de costillas de cerdo
¼ taza de salsa barbecue
2 cucharadas de pasta de tomate
1 cucharada de salsa inglesa
1 cucharada de azúcar morena
1 cucharadita de pimienta de Cayena
1 cucharadita de paprika ahumada

Preparación

1 Separar la carne de cerdo en costillares de 4 costillas. En un tazón grande mezclar la salsa barbecue, la pasta de tomate, la salsa inglesa, el azúcar, la pimienta de Cayena y la paprika. Sazonar al gusto. Añadir las costillas y bañar bien con la marinada.

2 Tapar y dejar reposar durante 2 horas.

3 Precalentar la parrilla a intensidad media. Colar las costillas y reservar la marinada. Asar las costillas a la parrilla de 8 a 10 minutos por lado hasta que estén bien cocidas, bañar con la marinada durante la cocción. Servir con ensalada verde. **Porciones 4**

BROCHETAS DE POLLO

Ingredientes

500g de filetes de pechuga o muslos de pollo
1 cucharada de mantequilla de cacahuate
2 cucharadas de salsa de soya
2 cucharadas de jugo de limón amarillo
½ cucharadita de azúcar
1 diente de ajo, machacado
1 cucharada de salsa de chile dulce
6 cebollas de cambray (sólo la parte blanca)

Preparación

1 Cortar el pollo en cubos de 2cm. Mezclar la mantequilla de cacahuate, la salsa de soya, el jugo de limón, el azúcar, el ajo y la salsa de chile dulce, incorporar hasta obtener una pasta suave, si es necesario verter un poco de agua para suavizar la consistencia.

2 Añadir los cubos de pollo, mezclar bien para bañarlos con la marinada, refrigerar durante 30 minutos mínimo.

3 Mientras, remojar 12 brochetas de bambú en agua fría. Pelar las cebollas de cambray y cortar en trozos de 3cm.

4 Retirar el pollo de la marinada, encajar en las brochetas alternando con la cebolla. Asar a la parrilla, barnizando ocasionalmente con la marinada, de 6 a 8 minutos o hasta que el pollo esté cocido.

5 Servir con arroz jazmín. Decorar con cilantro y rebanadas de los tallos verdes de las cebollas de cambray. Porciones 4

POLLO A LA PARRILLA CON TORTITAS DE CHAMPIÑONES

Ingredientes

500g de carne de pollo, molida
½ taza de pan molido, seco
1 cebolla mediana, picada
½ cucharadita de sal
½ cucharadita de pimienta
2 cucharadas de jugo de limón amarillo
¼ taza de perejil, picado
½ taza de champiñones, picados
Aceite para cocinar

Preparación

1 En un tazón grande colocar el pollo, añadir todos los ingredientes excepto el aceite. Mezclar bien, amasar un poco hasta obtener una textura suave. Con las manos mojadas formar 4 tortitas planas.

2 Calentar la parrilla a intensidad media-alta. Engrasar las barras de la parrilla y colocar las tortitas, asar durante 8 minutos por lado o hasta que estén bien cocidas. Las tortitas están listas si los jugos de cocción salen claros al perforarlas con un tenedor. Servir con verduras y salsa barbecue. Porciones 4

Para una preparación rápida, colocar la cebolla, el perejil y los champiñones en el procesador de alimentos y picar.

BROCHETAS DE POLLO

POLLO PICANTE

Ingredientes

1kg de piezas de pollo, sin piel
3 cebollas de cambray, picadas
2 dientes de ajo, machacados
1 taza de salsa de tomate
¼ taza de cerveza
1 cucharada de vinagre de sidra
1 cucharada de miel
1 cucharada de salsa Tabasco, o al gusto
Aceite para cocinar

Preparación

1 Hacer cortes poco profundos a la carne cada 2cm, reservar.

2 En un recipiente de cerámica o de vidrio colocar las cebollas de cambray, el ajo, la salsa de tomate, la cerveza, el vinagre, la miel y la salsa Tabasco, mezclar bien. Agregar el pollo, bañar con la marinada, tapar y dejar reposar en el refrigerador de 3 a 4 horas.

3 Precalentar la parrilla a intensidad media. Colar el pollo y reservar la marinada. Colocar el pollo sobre la parrilla ligeramente engrasada y asar de 10 a 15 minutos, barnizando con la marinada y volteando varias veces durante la cocción, hasta que el pollo esté bien cocido. **Porciones 4**

El tiempo de cocción del pollo varía según el tamaño de las piezas. Si se usan diferentes piezas, colocar primero las que requieren mayor tiempo de cocción y de mayor tamaño, como muslos y piernas, y cocerlas 5 minutos antes de añadir las pequeñas y que requieren menos tiempo de cocción, como las alas.

POLLO CAJÚN CON SALSA DE LIMÓN

Ingredientes

4 filetes de pechuga de pollo
Aceite

Mezcla de especias cajún

5 dientes de ajo, machacados
4 cucharadas de paprika
2 cucharadas de orégano seco
2 cucharadas de tomillo seco
2 cucharaditas de sal
2 cucharaditas de pimienta negra recién molida

Salsa de limón

1½ tazas de yogur natural, bajo en grasas
2 cucharadas de jugo de limón verde, fresco
Ralladura fina de 1 limón verde
1 cucharadita de cordial de limón

Preparación

1 Precalentar la parrilla a intensidad alta. Cortar los filetes de pollo en tiras de 2 cm de ancho.

2 Para hacer la mezcla de especias, en un tazón colocar el ajo, la paprika, el orégano, el tomillo, la sal y la pimienta negra, revolver bien. Añadir el pollo y bañar con la mezcla. Quitar el exceso de la mezcla y asar sobre la parrilla ligeramente engrasada de 5 a 7 minutos, volteando frecuentemente, o hasta que el pollo esté suave.

3 Para hacer la salsa, en un tazón colocar el yogur, el jugo de limón, la ralladura y el cordial, mezclar bien. Servir con el pollo. **Porciones 4**

Para una presentación atractiva, colocar un recipiente pequeño con la salsa de limón en el centro de un platón, acomodar el pollo alrededor, decorar con rodajas de limón.

POLLO A LA PARRILLA CON PAPAS

Ingredientes

1 pollo entero

1 taza de salsa barbecue

250g de papas, peladas, cortadas en trozos

4 cebollas pequeñas en escabeche

1 cucharada de jugo de limón amarillo

2 dientes de ajo, machacados

Sal y pimienta

¼ taza de agua

2 cucharadas de aceite

Preparación

1 Con la salsa barbecue barnizar el pollo por dentro y por fuera. Colocar el pollo en el centro de un recipiente grande de aluminio, rodearlo con las cebollas y las papas preparadas. Mezclar el jugo de limón, el ajo, la sal, la pimienta, el agua y el aceite, verter sobre las papas.

2 Preparar la parrilla para fuego indirecto a intensidad media-alta. Colocar el recipiente con el pollo sobre la parrilla, bajar la tapa y cocer durante 45 minutos. Voltear las papas y barnizar el pollo con la salsa barbecue. Seguir barnizando cada 10 minutos hasta un total de 1¼–1½ horas de cocción. El pollo está listo si los jugos de cocción salen claros al perforarlo con un tenedor. Dejar reposar durante 5 minutos antes de cortar. Retirar las papas del recipiente cuando estén cocidas, pueden dorarse a fuego directo si es necesario. **Porciones 4**

POLLO DE LECHE

Ingredientes

2 pollos de leche abiertos, en mitades
2 cucharadas de pimienta negra machacada
1 cucharadita de cilantro molido
Aceite para cocinar

Marinada de limón
3 cucharadas de ron blanco
Ralladura fina de 2 limones verdes
1 cucharada de jugo de limón verde
2 cucharadas de miel
2 dientes de ajo, machacados
1cm de jengibre, rallado

Preparación

1 En un recipiente de cerámica o de vidrio colocar las mitades de pollo. Para hacer la marinada, en un tazón colocar el ron, la ralladura y el jugo de limón, la miel, el ajo y el jengibre, mezclar bien. Frotar la marinada contra el pollo. Tapar y dejar reposar durante 1 hora.

2 Precalentar la parrilla a intensidad media. Encajar una brocheta en las alas y las piernas de cada medio pollo y barnizar con el resto de la marinada. Mezclar la pimienta negra y el cilantro, presionar contra la piel de los pollos. Asar sobre la parrilla ligeramente engrasada de 15 a 20 minutos, volteando frecuentemente, hasta que los pollos estén bien cocidos. Porciones 4

Esta receta funciona muy bien para preparar cualquier pieza de pollo. En lugar de usar pollo de leche se puede usar pollo común y preparar la marinada como se describe en la receta —el tiempo de cocción es similar al del pollo de leche—. Cocer hasta que los jugos de cocción salgan claros.

POLLO AL CARBÓN

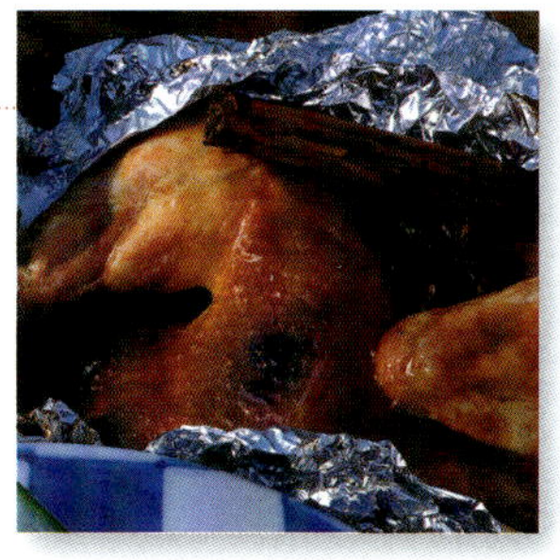

Ingredientes

1 pollo entero (de aproximadamente 1½ kg)
60g de mantequilla, derretida
2 cucharadas de salsa de soya
1 cucharada de miel
2 anís estrella
1 ramita de canela

Preparación

1 Calentar la parrilla hasta que las flamas se extingan y el carbón esté al rojo vivo. La parrilla está lista si puedes mantener la mano a 10 cm del carbón durante 4 o 5 segundos.

2 Cortar el pollo a lo largo de la espina y presionar para aplanar. En un tazón colocar la mantequilla, la salsa de soya y la miel, mezclar bien. Barnizar el pollo con la mezcla de la mantequilla, colocar sobre una hoja de papel encerado de tamaño suficiente para envolver al pollo. Colocar el anís estrella encima del pollo junto con la ramita de canela, envolver con el papel encerado. Cubrir el paquete con dos hojas de papel aluminio.

3 Colocar el pollo al carbón y cocer de 45 a 60 minutos, volteando varias veces, o hasta que el pollo esté cocido y suave. Porciones 4

Es importante que el fuego no sea demasiado fuerte. Si se usa madera, ésta debe estar al rojo vivo. Si se usa carbón, éste debe estar al rojo vivo parcialmente cubierto de cenizas. El carbón tarda entre 15 y 20 minutos en llegar a este punto, mientras que la madera tarda una hora o más, dependiendo de la clase de la madera.

KOFTA DE POLLO TANDOORI

Ingredientes

Kofta

450g de carne molida de pollo
½ taza de pan molido, seco
1 cebolla mediana, finamente picada
¼ taza de perejil, picado
½ cucharadita de sal
¼ cucharadita de pimienta
½ taza de pasta tandoori (ver más abajo)
Aceite
1 taza de yogur espeso
1 cucharada de jugo de limón amarillo
100g de hojas verdes para ensalada

Pasta tandoori

2 dientes de ajo
2.5cm de jengibre fresco, pelado, picado
1 cucharadita de sal
2 cucharaditas de semillas de cilantro
2 cucharadas de jugo de limón amarillo
2 cucharadas de vinagre
1 cucharadita de semillas de comino
½ cucharadita de chile en polvo
1 cucharadita de cúrcuma (condimento parecido al azafrán y al jengibre)
½ taza de yogur natural

Preparación

1 Mezclar el pollo, el pan molido, la cebolla, el perejil y la pasta tandoori (reservar 2 cucharadas para aderezar), incorporar bien con las manos para distribuir los ingredientes y obtener una textura más fina.

2 Tomar una cucharada de la mezcla, con las manos mojadas hacer salchichas y aplanarlas ligeramente.

3 Calentar la parrilla a intensidad media-alta y engrasar las barras o la plancha. Colocar las koftas sobre la parrilla y asar durante 15 minutos, volteando frecuentemente. Barnizar con un poco de aceite durante la cocción si es necesario.

4 Mezclar el yogur, el resto de la pasta tandoori y el jugo de limón.

5 Cuando las koftas estén listas, pasar a un platón con las hojas para ensalada. Verter encima la salsa de yogur o colocarla en un recipiente sobre el platón. **Porciones 4**

Pasta tandoori

1 Licuar todos los ingredientes excepto el yogur hasta formar una pasta suave. Incorporar el yogur. **Rinde ¾ de taza**

PAVO NAVIDEÑO

Ingredientes

1 pavo entero (de 4–5kg aproximadamente)

Sal y pimienta

½ taza de marinada de vino tinto y ajo (ver más abajo)

Aceite para cocinar

Relleno

2 tiras de tocino, finamente picadas

1 cebolla, finamente picada

4 tazas de pan molido, fresco

2 cucharadas de marinada de vino tinto y ajo (ver más abajo)

1 huevo

1 cucharada de pasas o chabacanos secos, picados

Marinada de vino tinto y ajo

½ taza de vino tinto

¼ taza de azúcar morena

2 dientes de ajo, machacados

½ cucharadita de granos de pimienta negra, machacados

Preparación

1 Lavar el pavo por dentro y por fuera. Enjuagar bien la cavidad, colar y secar con papel absorbente. Espolvorear el interior de la cavidad con sal y pimienta, barnizar el exterior con la marinada.

2 Preparar la parrilla para fuego indirecto y calentar a fuego medio-alto. Colocar el pavo sobre las barras engrasadas encima de la charola para recolectar los jugos (usar una grande o colocar dos charolas). Tapar y cocer durante una hora. Destapar y barnizar con la marinada. Si es necesario colocar tiras de papel aluminio a cada lado del pavo para evitar que se queme en la parrilla de carbón. Tapar y cocer de 1 a 1½ horas más, barnizando con la marinada cada 20 minutos.

3 Preparar el relleno después de comenzar la cocción. En una sartén caliente freír el tocino hasta que suelte el aceite. Agregar la cebolla y freír hasta que esté suave, mezclar la cebolla y el tocino con el pan molido, añadir el resto de los ingredientes. Colocar la mezcla en un molde engrasado para muffin o en moldes individuales de aluminio. Cocer a fuego directo durante 20 minutos.

4 Cuando el pavo esté cocido, tapar y dejar reposar durante 20 minutos antes de rebanar. Mientras, se pueden preparar las verduras. Colar los jugos de cocción de la charola, verter un poco de la marinada, recalentar y servir como gravy. **Porciones 8**

Marinada de vino tinto y ajo

1 En una sartén colocar todos los ingredientes, calentar sin dejar hervir, revolviendo para mezclar. Dejar enfriar antes de usar. **Rinde ¾ de taza**

HÍGADOS DE POLLO EN BROCHETA

Ingredientes

24 hígados de pollo

24 champiñones

6 tiras de tocino, cortadas en cuartos

Aceite para cocinar

Salsa teriyaki (ver página 116)

Preparación

1 Encajar los ingredientes en las brochetas en el siguiente orden: 1 hígado de pollo, 1 champiñón, 1 trozo de tocino y continuar hasta llenar las brochetas. Barnizar con aceite de oliva y salsa teriyaki.

2 Asar a la parrilla hasta que estén doradas uniformemente, barnizar regularmente. Servir con salsa de tomate fresca. **Rinde 12 brochetas**

POLLO ASADO A LA PARRILLA CON LIMÓN Y VERDURAS

Ingredientes

1 pollo entero (aproximadamente 1½ kg)
2 limones amarillos
2 dientes de ajo, machacados
Sal y pimienta
¼ taza de orégano fresco, picado
2 cucharadas de aceite de oliva, más extra para cocinar

Verduras
4 papas medianas, peladas, en cuartos
500g de calabaza amarilla cortada en trozos (con piel)

Preparación

1. Lavar el pollo por dentro y por fuera, quitar el exceso de agua y secar con papel absorbente. Lavar los limones y sacar la ralladura con un pelapapas. Cortar finamente la ralladura. Exprimir los limones. Mezclar la mitad de la ralladura con el jugo, el ajo, la sal, la pimienta, el orégano y el aceite.
2. Colocar el pollo de pie en un recipiente y verter la mitad de la mezcla de limón dentro y fuera del pollo. Colocar el resto de la marinada en la cavidad.
3. Preparar la parrilla para fuego indirecto. Colocar el pollo sobre la parrilla ligeramente engrasada a fuego directo y sellar por todos lados. Pasar a fuego indirecto sobre una charola para recolectar los jugos.
4. En 2 charolas de aluminio colocar las papas y la calabaza, bañar con el resto de la mezcla de limón, cubrir bien. Colocar ambas charolas sobre fuego directo. Bajar la tapa y cocer de 1–1½ horas, barnizando el pollo con el resto de la mezcla de limón con hierbas cada 20 minutos. Voltear las verduras.
5. Retirar las verduras del fuego cuando estén listas, taparlas para mantenerlas calientes. Dejar reposar el pollo durante 5 minutos antes de cortar. Servir con las verduras asadas y ensalada de arroz. **Porciones 4**

POLLO CON RELLENO CREMOSO DE PESTO

Ingredientes

1 pollo entero (aproximadamente 1½ kg)
Aceite para cocinar

Relleno cremoso de pesto

30 hojas de albahaca
20g de piñones
25g de queso parmesano, finamente rallado
100g de queso crema, suavizado

Preparación

1 Cortar a lo largo de la columna del pollo. Retirar ambas partes de la columna, voltear el pollo y presionar para aplanarlo.

2 Para hacer el relleno, en un procesador de alimentos colocar las hojas de albahaca, los piñones y el queso parmesano, procesar para picar fino. Incorporar la mezcla de la albahaca con el queso crema.

3 Con los dedos levantar un poco la piel sobre las pechugas, muslos y piernas. Meter el relleno por debajo de la piel, encajar brochetas a través de las alas y las piernas del pollo.

4 Precalentar la parrilla a intensidad media alta. Cocer el pollo sobre la parrilla ligeramente engrasada de 15 a 20 minutos o hasta que esté bien cocido. Porciones 4

Para saber que el pollo está cocido, perforar la parte más gruesa en la articulación del muslo y si los jugos de cocción salen claros, entonces está listo.

BROCHETAS DE HÍGADO DE POLLO CON CILANTRO

Ingredientes

250g de hígados de pollo
¼ taza de cilantro, finamente picado
1 diente de ajo, machacado
1cm de jengibre, picado
2 cucharaditas de aceite
1 cucharada de jugo de limón amarillo
6 tiras de tocino

Preparación

1 Cortar los hígados por la mitad a lo largo de la membrana central. En un tazón mezclar el cilantro, el ajo, el jengibre, el aceite y el jugo de limón. Colocar los hígados en la marinada y cubrirlos bien. Tapar y refrigerar durante 1 hora o más.

2 Cortar cada rebanada de tocino en 3 tiras de 10 cm de largo. Envolver una mitad de hígado en una tira de tocino y asegurar con un palillo.

3 Calentar la parrilla. Colocar una rejilla justo sobre las barras de la parrilla. Acomodar los hígados sobre la rejilla. Asar de 8 a 10 minutos, volteando frecuentemente y barnizando con la marinada restante. Servir como botana. Porciones 4

CODORNIZ CON NARANJA

Ingredientes

6 codornices

Aceite para cocinar

Marinada de brandy y naranja

¾ taza de hierbas mixtas frescas, picadas

2 cucharadas de mostaza de Dijon

Ralladura fina de 1 naranja

2 dientes de ajo, machacados

½ taza de sidra

½ taza de jugo de naranja

¼ taza de brandy

1 cucharada de aceite de nuez o de macadamia

Cuscús con nuez

1 taza de cuscús (pequeños granos de sémola de trigo)

2 tazas de agua hirviendo

90 pasas

60g de avellanas, tostadas, picadas

2 cebollas de cambray, picadas

1 cucharada de jugo de limón amarillo

Preparación

1 Cortar las codornices por la mitad. Para hacer la marinada, en un recipiente de vidrio o de cerámica colocar las hierbas, la mostaza, la ralladura de naranja, el ajo, la sidra, el brandy y el aceite, mezclar bien. Añadir las codornices, bañar con la mezcla, tapar y dejar marinar en el refrigerador durante 2 horas.

2 Precalentar la parrilla a intensidad media. Colar las codornices, ponerlas sobre la parrilla ligeramente engrasada con la piel hacia arriba, asar durante 10 minutos o hasta que estén suaves, voltear ocasionalmente.

3 En un tazón colocar el cuscús, verter el agua hirviendo, tapar y dejar reposar durante 10 minutos o hasta que el agua se absorba. Revolver con un tenedor, añadir las pasas, las avellanas, las cebollas de cambray y el jugo de limón, revolver para mezclar. Para servir colocar el cuscús sobre un platón grande y acomodar las codornices encima. **Porciones 4**

El cuscús no es un tipo de grano, sino una pasta hecha de trigo durum —aunque se usa y se cuece de la misma manera que los granos—. El término cuscús se refiere al producto crudo y al platillo cocido. Es una excelente fuente de vitamina B1, hierro, proteínas y niacina.

BROCHETAS DE POLLO Y ARÁNDANO

Ingredientes

500g de carne molida de pollo
½ taza de pan molido duro
1 cebolla pequeña, picada
2 dientes de ajo, machacados
½ taza de salvia fresca, picada, o 1 cucharadita de salvia seca
1 cucharadita de especias mixtas molidas
1 huevo, ligeramente batido
¼ cucharadita de salsa Tabasco, o al gusto
½ taza de salsa de arándanos, caliente

Preparación

1 En un tazón colocar la carne molida, el pan molido, la cebolla, el ajo, la salvia, las especias mixtas, el huevo y la salsa Tabasco, incorporar bien.

2 Colocar la mezcla alrededor de 8 brochetas ligeramente engrasadas y darle forma de salchicha. Poner las brochetas sobre un plato, tapar y refrigerar durante 2 horas.

3 Precalentar la parrilla a intensidad media. Colocar las brochetas sobre la parrilla ligeramente engrasada y asar de 5 a 10 minutos o hasta que estén cocidas, volteando varias veces. Bañar con la salsa de arándanos y servir de inmediato. Porciones 4

BROCHETAS CON POLLO Y YOGUR INDIO

Ingredientes

6 filetes de muslo de pollo
Aceite para cocinar

Marinada de yogur

¼ taza de cilantro, picado
1cm de jengibre, finamente rallado
1 diente de ajo, machacado
2 cucharaditas de paprika
1 cucharadita de comino molido
½ cucharadita de cúrcuma (condimento parecido al azafrán y al jengibre)
½ cucharadita de chile en polvo
½ cucharadita de canela molida
1 taza de yogur natural
2 cucharadas de jugo de limón amarillo

Preparación

1 Cortar los filetes a la mitad y quitar la grasa. Para hacer la marinada, en un recipiente de cerámica o de vidrio colocar el cilantro, el jengibre, el ajo, la paprika, el comino, la cúrcuma, el chile en polvo, la canela, el yogur y el jugo de limón, mezclar bien. Añadir el pollo, revolver para bañar con la mezcla, dejar marinar a temperatura ambiente durante 30 minutos.

2 Precalentar la parrilla a intensidad media. Colar el pollo y encajar tres piezas en brochetas ligeramente engrasadas. Repetir con el resto del pollo hasta completar 4 brochetas. Colocar las brochetas en la parrilla ligeramente engrasada y asar de 4 a 5 minutos por lado o hasta que el pollo esté cocido y suave. Porciones 4

Los filetes de muslo de pollo pueden sustituirse por filetes de pechuga. Se requieren 3 filetes de pechuga sin hueso, cada uno cortado en cuatro trozos.

PIERNAS DE POLLO CON CHILE Y LIMÓN

Ingredientes

12 muslos de pollo
¼ taza de jugo de limón verde
¼ taza de suero de leche
2 cucharadas de salsa de chile dulce
2 cucharadas de salsa de soya baja en sales
Aceite para cocinar

Preparación

1 Pelar los muslos. En un recipiente de cerámica o de vidrio colocar el jugo de limón, el suero de leche, la salsa de chile y la salsa de soya, mezclar bien. Hacer varios cortes poco profundos a los muslos, añadir a la mezcla del limón y bañar bien. Tapar y dejar marinar en el refrigerador durante 3 horas.

2 Precalentar la parrilla a intensidad media. Colar el pollo y reservar la marinada. Colocar el pollo sobre la parrilla ligeramente engrasada y asar durante 25 minutos o hasta que el pollo esté cocido, bañando frecuentemente con la marinada y volteando ocasionalmente. **Porciones 4**

El valor nutricional del suero de leche es similar al de la leche descremada, es un poco ácido, tiene sabor cremoso y consistencia espesa. Otra opción es mezclar 2 cucharadas de yogur natural bajo en grasa con 1 cucharada de leche baja en grasa.

ENSALADA DE PATO CON CIRUELA

Ingredientes

2 pechugas de pato
2 cebollas, finamente rebanadas
Aceite para cocinar
1 lechuga, hojas separadas
150g de chícharos planos, cortados en tiras finas
125g de queso camembert, rebanado
125g de frambuesas
60g de almendras, tostadas

Marinada de mostaza

2cm de jengibre fresco, rallado
1 cucharada de mostaza de grano entero
1 diente de ajo, machacado
¼ taza de salsa de ciruela
1 cucharada de vinagre de frambuesa o de vino blanco
1 cucharada de aceite vegetal

Aderezo de naranja

¼ taza de jugo de naranja
2 cucharadas de aceite vegetal
1 cucharada de vinagre de frambuesa
1 cucharada de mostaza de Dijon

Preparación

1 Quitar la piel del pato. Para hacer la marinada, en un recipiente de cerámica o de vidrio colocar el jengibre, la mostaza, el ajo, la salsa de ciruela, el vinagre y el aceite, mezclar bien. Añadir el pato y las cebollas, bañar bien con la mezcla, tapar y dejar marinar en el refrigerador durante 4 horas.

2 Precalentar la parrilla a intensidad media. Colar el pato y las cebollas, reservar la marinada. Poner las cebollas y el pato sobre una charola ligeramente engrasada y cocinar durante 10 minutos o hasta que el pato esté suave, bañar con frecuencia con la marinada reservada y voltear ocasionalmente. Dejar enfriar ligeramente antes de cortar el pato en rebanadas.

3 Acomodar la lechuga y los chícharos planos en un platón para servir, colocar encima el pato, las cebollas, el queso camembert, las frambuesas y las almendras, revolver ligeramente.

4 Para hacer el aderezo, colocar el jugo de naranja, el aceite, el vinagre y la mostaza, incorporar bien. Bañar la ensalada con el aderezo y servir de inmediato. **Porciones 4**

CROQUETAS DE POLLO SOBRE TORTITAS DE ALBAHACA CON SALSA DE YOGUR Y CHILE

Ingredientes

Croquetas

450g de carne de pollo, molida

½ cucharadita de sal

¼ cucharadita de pimienta

1 diente de ajo, machacado

1 chile pequeño, sin semillas, picado

2 cucharadas de pan molido

¼ taza de agua

2 cucharadas de aceite de oliva

Tortitas

1 taza de harina común (mezclada con polvo para hornear)

¼ cucharadita de sal

¼ taza de albahaca, finamente picada

1 diente de ajo, machacado

¾ taza de leche

1 huevo

Salsa de chile y yogur

200g de yogur natural

2 cucharaditas de salsa de chile dulce, o al gusto

Preparación

1 Mezclar los ingredientes para las croquetas, excepto el aceite, amasar un poco para distribuir los ingredientes y darle textura fina. Tapar y refrigerar durante 20 minutos. Con las manos mojadas formar 8 croquetas redondas y planas, colocar en una charola y refrigerar hasta usarse.

2 Preparar la masa para las tortitas. Cernir el harina y la sal, colocarlas en un tazón. Mezclar la albahaca, el ajo y la leche, incorporar el huevo, batir. Hacer un pozo en el centro del harina y verter la mezcla de la leche. Batir hasta formar una masa suave. Tapar y reservar durante 20 minutos.

3 Calentar la parrilla a intensidad alta, engrasar las barras y la plancha. Barnizar las croquetas con un poco de aceite, colocarlas sobre la parrilla y asar durante 2 minutos por lado. Al mismo tiempo cocer las tortitas —verter un cuarto de la masa sobre la plancha—. Cocer hasta que la superficie burbujee y la parte inferior esté dorada. Voltear y cocer hasta que dore. Pasar a un paño de cocina para mantener caliente. Repetir con el resto de la masa.

4 Servir una tortita en cada plato y colocar 2 croquetas encima con una cucharada de salsa de yogur. Servir con ensalada. **Porciones 4**

PIERNAS DE POLLO CON CHILE Y MIEL

Ingredientes

12 piernas de pollo

¾ taza de marinada de miel y chile (ver página 22)

Preparación

1 En un recipiente de cerámica o de vidrio colocar las piernas de pollo, verter la marinada y bañar bien. Tapar y dejar reposar en el refrigerador durante 2 horas mínimo, o durante toda la noche, volteando varias veces.

2 Precalentar la parrilla a intensidad media. Colar las piernas y reservar la marinada. Asar las piernas sobre la parrilla ligeramente engrasada, barnizando con frecuencia, de 10 a 15 minutos o hasta que el pollo esté suave. Porciones 4

PAVO AHUMADO

Ingredientes

3kg de pavo

Sal y pimienta

1 taza de madera para ahumar

½ taza de brandy

½ taza de caldo de pollo

2 cucharadas de aceite vegetal

Relleno de salvia y arroz

60g de mantequilla

1 poro, finamente rebanado

4 cebollas de cambray, picadas

3 tiras de tocino, picadas

1 taza de pan molido seco

60g de nueces, picadas

¼ taza de salvia fresca

1½ tazas de arroz cocido

Preparación

1 Lavar el interior y el exterior del pavo. Enjuagar bien la cavidad, secar con papel absorbente. Espolvorear con sal y pimienta dentro y fuera del pavo. En un recipiente de cerámica colocar el brandy y remojar la madera para ahumar durante 1 hora.

2 Para hacer el relleno, en una sartén a fuego medio derretir la mantequilla, añadir el poro y las cebollas de cambray, freír durante 3 minutos, revolviendo. Añadir el tocino y freír durante 5 minutos más. Añadir el pan molido, las nueces y la salvia, freír durante 5 minutos más, revolviendo, hasta que el pan molido esté crujiente. Retirar del fuego, añadir el arroz y mezclar bien.

3 Precalentar la parrilla tapada a intensidad media. Colocar el recipiente con la madera para ahumar sobre el carbón caliente, bajar la tapa y calentar de 5 a 10 minutos o hasta que el líquido esté caliente.

4 Rellenar la cavidad del pavo con la mezcla. Cerrar con brochetas de metal o de bambú. Doblar las alas por debajo del cuerpo y amarrar las patas. Colocar el pavo sobre una rejilla en una charola para asar. Mezclar el caldo con el aceite, barnizar el pavo con la mezcla. Colocar la charola para asar en la rejilla sobre la parrilla, bajar la tapa y ahumar, bañando con frecuencia, de 2½–3 horas o hasta que el pavo esté cocido. Porciones 8

Las charolas de aluminio desechables son ideales para poner la madera para ahumar. La cantidad de madera determina el sabor de la comida ahumada. Es recomendable seguir las instrucciones del fabricante, pero no tengas miedo de experimentar.

ENSALADA CALIENTE DE POLLO THAI

Ingredientes

4 pechugas de pollo
2cm de jengibre, finamente rallado
2 hojas de limón verde
1 manojo pequeño de raíces de cilantro, finamente picadas
1 cucharadita de aceite, más extra para cocinar
1 tallo de limoncillo, machacado, cortado a la mitad a lo largo
1 pimiento rojo, en tiras
1 pimiento verde, en tiras
1 berenjena, rebanada
1 cebolla morada, en aros
½ lechuga romana, rallada

Aderezo

½ taza de aceite de oliva
1 ¼ tazas de vinagre de malta

Preparación

1 Aplanar ligeramente las pechugas. Mezclar el jengibre, las hojas de limón, las raíces de cilantro y el aceite, frotar la mezcla contra el pollo. Colocar sobre las mitades del limoncillo, tapar y dejar reposar durante 20 minutos.

2 Calentar la parrilla a intensidad media-alta, engrasar la plancha y las barras. Colocar el limoncillo sobre la parrilla y el pollo encima, asar durante 4 minutos por lado. Colocar las verduras en la plancha (excepto la lechuga), bañar con un poco de aceite y asar de 5 a 8 minutos, revolviendo y volteando durante la cocción. Servir la lechuga en platos individuales, colocar las verduras asadas en el centro. Quitar el limoncillo, cortar el pollo en rebanadas finas diagonales, acomodar alrededor de las verduras.

3 Mezclar los ingredientes del aderezo y verter sobre la ensalada caliente. **Porciones 4**

MITADES DE POLLO TANDOORI

Ingredientes

1 pollo entero
¾ taza de pasta tandoori (ver página 87)
¼ taza de jugo de limón amarillo
Hojas de endibia

Preparación

1 Insertar un cuchillo largo por el hueso de la pechuga y la columna y cortar el pollo a la mitad. Sobre una superficie plana colocar el pollo con el corte hacia abajo y presionar la pechuga con la mano para aplanarla. Colocar las pechugas en un recipiente de vidrio o de cerámica. Preparar la pasta tandoori y frotar el pollo. Tapar y marinar durante varias horas en el refrigerador.

2 Preparar la parrilla para fuego indirecto, colocar el pollo con la piel hacia arriba en la parrilla sobre la charola para recolectar los jugos. Bajar la tapa y cocer de 40 a 45 minutos. Bañar ocasionalmente con el jugo de limón y el resto de la pasta tandoori.

3 Servir sobre una cama de endibias. **Porciones 4**

PIERNAS DE POLLO CON SALSA CREMOSA DE MOSTAZA

Ingredientes

8 piernas de pollo
¾ taza de marinada de miel y chile (ver página 22)

Salsa de mostaza y crema
200ml de crema agria
½ taza de mostaza de Dijon
¼ taza de marinada de miel y chile

Preparación

1 En un recipiente que no sea de metal colocar las piernas y verter suficiente marinada para bañar bien. Tapar y dejar reposar durante 30 minutos a temperatura ambiente, o más tiempo en el refrigerador.

2 Calentar la parrilla, colocar las piernas a fuego indirecto y bajar la tapa. Cocer durante 15 minutos. Destapar, voltear las piernas y barnizar con la marinada cada 8 minutos, volver a tapar. Cocer de 60 a 65 minutos hasta que las piernas estén cocidas.

3 Para la salsa cremosa de mostaza, en un recipiente resistente al fuego mezclar la crema agria, la mostaza y la marinada de miel y chile. Colocar en un extremo de la parrilla para calentar bien. Servir las piernas con la salsa cremosa de mostaza con guarnición de verduras o ensalada. **Porciones 4**

BROCHETAS SATAY PICANTES

Ingredientes

500g de filetes de muslo de pollo
Sal y pimienta
1 cucharada de jugo de limón amarillo
1 diente de ajo, machacado
Aceite para cocinar
2 cucharadas de ajonjolí tostado

Salsa satay

¾ taza de crema de cacahuate
¾ taza de agua
2 cucharadas de azúcar morena
⅓ cucharadita de chile en polvo, o al gusto
1 cucharada de salsa de soya
1 cebolla pequeña, rallada

Preparación

1 Cortar los filetes en mitades a lo largo. Cortar el lado fino en 2 trozos y el grueso en 3 trozos. Colocar el pollo en un tazón y espolvorear con sal, pimienta, verter el jugo de limón y el ajo, revolver bien.

2 En una cacerola mezclar todos los ingredientes para la salsa satay y hervir a fuego lento durante 5 minutos, dejar enfriar.

3 Verter la salsa satay sobre el pollo, tapar y dejar marinar en el refrigerador durante 1 hora por lo menos, o dejar toda la noche.

4 Remojar en agua unas brochetas de bambú. Encajar de 4 a 5 trozos de pollo en cada brocheta sin que lleguen a tocarse. Si las piezas se aprietan demasiado, el centro no se cuece bien.

5 Engrasar la parrilla caliente, colocar una rejilla sobre las barras. Acomodar las brochetas sobre la rejilla y asar a fuego alto durante 15 minutos, voltear con frecuencia y bañar con el resto de la marinada. Transferir a la plancha de la parrilla y asar durante 5 minutos más para dorarlas bien.

6 Espolvorear las semillas de ajonjolí. Servir con arroz hervido y una cucharada de aderezo.

YAKITORI DE POLLO

Ingredientes

500g de bisteces de pollo

Marinada

¼ taza de salsa teriyaki

¼ taza de miel

1 diente de ajo, machacado

1cm de jengibre, finamente rallado

Aceite para cocinar

Preparación

1 En un tazón de vidrio colocar el pollo, mezclar los ingredientes de la marinada y verter sobre el pollo. Tapar y refrigerar durante varias horas en el refrigerador o durante la noche.

2 Encajar 2 bisteces a lo largo en cada brocheta. Calentar la parrilla a intensidad media-alta. Engrasar ligeramente la parrilla o la plancha.

3 Colocar las brochetas en una hilera y asar durante 2 minutos por lado, barnizando con la marinada al voltearlas. Servir de inmediato como botana. Porciones 4

BROCHETAS TIKKA

Ingredientes

500g de bisteces de pollo

Aceite para cocinar

1 limón amarillo, en gajos

Marinada de yogur con especias

1 cebolla pequeña, picada

3 dientes de ajo, machacados

1cm de jengibre, finamente rallado

1 cucharada de comino molido

1 cucharada de garam masala (mezcla de especias aromáticas de la cocina hindú)

2 ramitas de cardamomo (semillas aromáticas de sabor intenso, algo cítrico y dulce), machacadas

1 cucharadita de cúrcuma molida (condimento parecido al azafrán y al jengibre)

1 cucharadita de chile en polvo

1 cucharadita de cilantro molido

1 cucharada de puré de tomate

Raita de pepino

1 pepino, finamente picado

¼ taza de menta fresca, picada

1 taza de yogur natural

Preparación

1 Con un tenedor perforar varias veces los bisteces y colocarlos en un recipiente de cerámica o de vidrio.

2 Para hacer la marinada, en un procesador de alimentos colocar la cebolla, el ajo, el jengibre, el comino, el garam masala, el cardamomo, la cúrcuma, el chile en polvo, el cilantro y el puré de tomate, procesar hasta formar una mezcla suave. Añadir el yogur y mezclar bien. Verter la marinada sobre el pollo, bañar bien, tapar y dejar reposar en el refrigerador durante 3 horas.

3 Precalentar la parrilla a intensidad media. Colar el pollo y encajarlo en brochetas ligeramente engrasadas. Colocar las brochetas sobre la parrilla engrasada, asar de 5 a 6 minutos o hasta que estén cocidas, voltear varias veces.

4 Para hacer la raita, en un tazón mezclar el pepino, la menta y el yogur. Servir las brochetas con los gajos de limón y la salsa raita. Porciones 4

ROLLO DE PECHUGA DE PAVO RELLENO

Ingredientes

1 pechuga de pollo (de 1⅓ kg aproximadamente)

Sal y pimienta

½ taza de marinada de vino tinto y ajo (ver página 88)

Relleno

1 cebolla mediana, finamente picada

2 tazas de pan molido fresco

150g de jamón rasurado, picado

¼ taza de perejil, picado

2 cucharadas de marinada de vino tinto y ajo

Preparación

1 Hacer un corte en la parte más gruesa de la pechuga con el cuchillo formando un ángulo de 45°, cortando cerca del extremo. Abrir la carne del corte y golpear con un mazo para aplanarla, frotar con sal y pimienta. Mezclar los ingredientes para el relleno y colocarlo en el centro del corte. Cerrar y asegurar con brochetas. Atar con cordón a intervalos de 2.5cm, retirar las brochetas.

2 Preparar la parrilla para fuego indirecto a intensidad media-alta. Engrasar la parrilla, colocar el pollo sobre la charola para recolectar los jugos. Bajar la tapa y cocer, bañar con la marinada cada 15 minutos. Los jugos de cocción deben salir claros cuando se perfora con un tenedor. El tiempo total de cocción es de 1 hora aproximadamente.

3 Dejar reposar durante 10 minutos antes de cortar. Servir con camote glaseado (ver página 152). Mezclar el jugo de cocción con un poco de la marinada y servir como gravy. **Porciones 4**

POLLO CUBIERTO

Ingredientes

1 pollo entero (de 1kg aproximadamente)
100g de mantequilla, suavizada
1 diente de ajo, machacado
1 manojo pequeño de cebollín, picado
¼ taza de perejil fresco, picado
1 cucharada de aceite de oliva
8 rebanadas de prosciutto
1 taza de vino blanco

Preparación

1 Bajar la tapa de la parrilla y precalentar a intensidad media. Lavar el pollo por dentro y por fuera, secar con papel absorbente.

2 En un tazón colocar la mantequilla, el ajo, el cebollín y el perejil, mezclar bien. Con los dedos despegar la piel de la pechuga. Introducir la mezcla de la mantequilla debajo de la piel y distribuir de manera uniforme. Colocar el pollo sobre una rejilla dentro de una charola para hornear y barnizar con el aceite. Colocar el prosciutto sobre la pechuga en forma de cruz y asegurar con palillos. Verter el vino sobre el pollo.

3 Colocar la charola para hornear sobre la parrilla, bajar la tapa y cocer durante 1½ horas o hasta que el pollo esté suave. Tapar y dejar reposar durante 10 minutos antes de cortar. **Porciones 4**

No es recomendable manipular carne cruda y cocida al mismo tiempo debido a que las bacterias de la carne cruda pueden pasarse a la carne cocida. Asegúrate de tener un recipiente limpio para colocar la carne asada —no la coloques en el mismo platón que usaste para la carne cruda, a menos de que esté previamente lavado con agua caliente y jabón.

CHULETAS DE POLLO TERIYAKI

Ingredientes

500g de chuletas de pollo
1 taza de salsa teriyaki (ver página 116)

Preparación

1 Colocar las chuletas en un recipiente que no sea de metal. Verter ½ taza de la salsa teriyaki sobre el pollo, bañar bien. Tapar y dejar marinar durante 30 minutos a temperatura ambiente o durante toda la noche en el refrigerador.

2 Calentar la parrilla. Colocar una hoja de papel para hornear en la plancha, añadir las chuletas y asar durante 2 minutos por lado o hasta que estén bien cocidas y doradas. Barnizar con la salsa durante la cocción. Servir de inmediato con salsa teriyaki extra para remojar. **Porciones 4**

Sugerencias para servir

1 Servir con arroz hervido y verduras.

2 Revolver con hojas verdes para ensalada. Aderezar la ensalada caliente con 1 cucharada de marinada teriyaki, 1 cucharada de vinagre y 3 cucharadas de aceite.

3 Rellenar pan pitta con las chuletas junto con lechuga rallada, pepino, aros de cebolla y bañar con 1 cucharada de marinada teriyaki.

PECHUGAS DE PAVO CON RELLENO DE HIERBAS VERDES

Ingredientes

2 pechugas de pavo, sin piel, deshuesadas
1 cebolla pequeña
1 cucharada de aceite
1 taza de pan molido
1 huevo
1 taza de hierbas frescas (perejil, salvia, tomillo, cebollín), picadas
½ cucharadita de sal
Pimienta negra recién molida
4 tiras de tocino

Preparación

1 Colocar las pechugas sobre una tabla para cortar, rebanarlas horizontalmente para que queden planas.

2 Pelar la cebolla y picar finamente. En una sartén calentar el aceite, saltear la cebolla durante 3 minutos hasta que esté transparente. Mezclar la cebolla, el pan molido, el huevo, las hierbas, la sal y la pimienta, incorporar bien. Colocar la mitad de la mezcla de la cebolla en el centro de cada pechuga. Enrollar el pavo sobre el relleno comenzando del lado corto. Quitar la grasa al tocino y enrollar alrededor de los rollos de pechuga.

3 Encender los quemadores laterales y precalentar la parrilla a intensidad media. Poner las pechugas sobre un recipiente para asar, colocar el recipiente en el centro de la parrilla, lejos del fuego directo. De manera alternativa, colocar una charola para recolectar el jugo debajo de la parrilla y cocer las pechugas en el centro. Tapar y cocer durante 45 minutos o hasta que el jugo de cocción salga claro cuando se perfore. Servir rebanadas con salsa de arándanos y verduras asadas. **Porciones 4**

ENSALADA DE POLLO A LA PARRILLA CON ADEREZO DE FRESA

Ingredientes

2 pechugas de pollo, sin hueso, sin piel
3 tazas de hojas de espinacas baby
1 taza de hojas de rúcula
1 cebolla morada, en rebanadas finas, en aros
¼ taza de albahaca fresca, picada
1 toronja, pelada, rebanada
1 naranja, pelada, rebanada
2 tazas de fresas, rebanadas

Aderezo de fresa

¾ taza de fresas, picadas
2 cucharadas de aderezo de fresa
2 cucharadas de aceite de oliva
4 cucharaditas de vinagre de jerez o de vino blanco
1cm de jengibre fresco, rallado
¼ cucharadita de sal
Pimienta negra

Preparación

1 Colocar el pollo sobre la parrilla a intensidad media. Asar de 12 a 15 minutos o hasta que su color no sea rosa, voltear una vez. Dejar enfriar, cortar en trozos de 2.5cm.

2 Mientras, en un tazón grande mezclar las espinacas, la rúcula, la cebolla y la albahaca. Para servir, dividir la mezcla de las espinacas en platos individuales. Acomodar la fruta y el pollo sobre la mezcla de las espinacas, bañar con el aderezo de fresa. **Porciones 4**

Aderezo de fresa

1 En un procesador de alimentos licuar todos los ingredientes hasta obtener una mezcla suave. **Rinde ¾ taza**

ALITAS DE POLLO CON AJONJOLÍ

Ingredientes

12 alitas de pollo
1 taza de marinada de soya y miel (ver página 62)
3 cucharadas de semillas de ajonjolí

Preparación

1 En un recipiente grande colocar las alitas y bañar con la marinada. Tapar y dejar marinar durante 30 minutos a temperatura ambiente o más tiempo en el refrigerador.

2 Colocar la mitad de las alitas en un plato para microondas y hornear durante 10 minutos a intensidad alta. Retirar y hornear el resto.

3 Calentar la parrilla. Colocar una rejilla sobre las barras, poner las alitas sobre la rejilla. Barnizar con la marinada. Voltear y bañar las alitas con frecuencia hasta que estén doradas y crujientes.

4 En una charola de aluminio esparcir el ajonjolí y colocar en la parrilla. Agitar ocasionalmente mientras se asan. Espolvorear el ajonjolí sobre las alitas. Servir como botana. **Porciones 4**

ENSALADA DE POLLO A LA PARRILLA CON ADEREZO DE FRESA

POLLO TANDOORI CON SALSA DE YOGUR

Ingredientes

4 filetes de pechuga de pollo

2 cucharadas de pasta tandoori (ver página 87)

Aceite para cocinar

4 calabacitas italianas, rebanadas

Salsa de yogur

450g de yogur natural

2 pepinos, rebanados

2 cucharadas de pasta tandoori (ver página 87)

Preparación

1 Frotar las pechugas con el primer tanto de la pasta tandoori. Bañar con un poco de pasta extra, tapar y dejar marinar durante 30 minutos antes de asar.

2 Mezclar el yogur, el pepino y el resto de la pasta tandoori. Tapar y refrigerar hasta servir.

3 Calentar la parrilla a intensidad media-alta y engrasar las barras. Asar el pollo de 3 a 4 minutos por lado. Colocar la calabacitas en la parrilla bien engrasada y asar por ambos lados hasta que estén cocidas y crujientes.

4 Rebanar el pollo diagonalmente. Colocar las calabacitas en el platón, acomodar las rebanadas de pollo y bañar con la salsa de yogur. Servir con arroz hervido. **Porciones 4**

cocina selecta

mariscos y pescados

HUACHINANGO A LA PARRILLA CON ENSALADA DE PEPINO, RÁBANO Y BETABEL

Ingredientes

4 filetes de huachinango, de 250g cada uno

3cm de jengibre fresco

¼ taza de mirin (vino de arroz que se usa como condimento en la cocina japonesa)

2 cucharadas de jugo de limón verde

1 limón verde, finamente rebanado

Ensalada de pepino, rábano y betabel

3 pepinos, pelados

1 rábano, pelado

2 betabeles frescos

¼ cucharadita de wasabi (rábano verde picante)

¼ taza de vinagre de vino de arroz

2 cucharadas de aceite de cacahuate

Preparación

1 Precalentar la parrilla. Colocar el huachinango en el centro de 4 hojas grandes de papel para hornear. Pelar el jengibre y cortar en tiras finas. En un tazón mezclar 2 cucharadas del mirin, el jugo de limón y el jengibre. Bañar el pescado con la mezcla del limón, repartir las rebanadas de limón entre los filetes.

2 Envolver los filetes en 4 paquetes, cerrar los extremos. Colocar los paquetes en la parrilla y asar de 10 a 15 minutos o hasta que estén bien cocidos.

3 Para hacer la ensalada, cortar los pepinos por la mitad a lo largo, quitar las semillas. Cortar en tiras. Cortar el betabel en rebanadas finas y en tiras.

4 En un tazón colocar las verduras y revolver. Mezclar el resto del mirin, el wasabi, el vinagre y el aceite, verter el aderezo sobre las verduras justo antes de servir o colocar el aderezo por separado. Servir la ensalada con el huachinango. Porciones 4

LANGOSTINOS CON MIEL Y CHILE

Ingredientes

450g de langostinos

¾ taza de marinada de miel y chile (ver página 22)

Preparación

1 Pelar los langostinos, quitarles la vena, dejar las colas intactas. Colocar los langostinos en un recipiente de vidrio con suficiente marinada para bañarlos bien. Tapar y marinar en el refrigerador durante 1 hora. Encajar los langostinos en brochetas, a lo largo o a lo ancho.

2 Calentar la parrilla a intensidad media-alta. Colocar una lámina de papel para hornear en la plancha y acomodar los langostinos encima. Asar de 4 a 5 minutos por lado —toman color rosa cuando están cocidos. Barnizar con la marinada durante la cocción. Pasar a un platón, retirar las brochetas y servir de inmediato. Porciones 4

Si usas brochetas de bambú, remójalas en agua durante 20 minutos mínimo antes de usarlas para evitar que se quemen durante la cocción.

HUACHINANGO A LA PARILLA CON ENSALADA DE PEPINO, RÁBANO Y BETABEL

FILETES DE SALMÓN CON VINAGRETA DE MENTA

Ingredientes

4 filetes de salmón, de 170g cada uno
Sal y pimienta negra recién molida

Vinagreta de menta

¼ taza de menta fresca, picada, más hojas extra para decorar
1 chalote pequeño (parecido al ajo, pero con dientes más grandes), finamente picado
6 cucharadas de aceite de oliva
Jugo de 1 limón amarillo
Sal y pimienta negra recién molida

Preparación

1 Precalentar la parrilla a intensidad alta, forrar la plancha con papel aluminio. Colocar los filetes de salmón sobre la plancha, sazonar muy poco. Asar de 4 a 5 minutos por lado, hasta que estén ligeramente dorados y bien cocidos.

2 Mientras, preparar la vinagreta. Mezclar la menta, el chalote, el aceite y el jugo de limón, sazonar al gusto. Servir sobre los filetes de salmón y decorar con la menta. **Porciones 4**

Esta vinagreta de menta es muy fácil de preparar y le da un nuevo giro al salmón. También puedes usarla para aderezar una ensalada de pepinos y papas para acompañar los filetes de salmón.

PESCADO THAI CON ENSALADA DE MANGO

Ingredientes

4 filetes de bacalao azul, de 250g cada uno
1 cucharada de aceite de cacahuate
2 mangos pequeños
2 pepinos
1 pimiento rojo, asado, sin piel, en tiras finas
¼ taza de menta fresca
¼ taza de cilantro fresco
90ml de jugo de limón verde
1cm de jengibre fresco, rallado
2 cucharadas de salsa de pescado
2 cucharadas de salsa de chile dulce
1 cucharada de azúcar de palma
2 cucharadas de cacahuates sin sal, picados grueso

Preparación

1 Precalentar la parrilla, barnizar ligeramente los filetes de bacalao con el aceite de cacahuate, asar a fuego alto de 3 a 4 minutos por lado, hasta que estén cocidos.

2 Pelar los mangos, cortar la pulpa en tiras. Rebanar el pepino a lo largo con un pelapapas para sacar tiras largas, colocarlas en un tazón junto con el pimiento, la menta y el cilantro. Revolver bien, refrigerar mientras se prepara el aderezo.

3 En una jarra colocar el jugo de limón, el jengibre, la salsa de pescado, la salsa de chile dulce y el azúcar de palma, agitar para incorporar.

4 Repartir la ensalada en platos individuales, colocar los filetes encima. Bañar con el aderezo y espolvorear los cacahuates. **Porciones 4**

FILETES NEGROS DE ATÚN

Ingredientes

4 filetes gruesos de atún
Aceite para cocinar

Mezcla de especias cajún

2 cucharadas de paprika dulce
1 cucharada de ajo en polvo
1 cucharada de cebolla en polvo
2 cucharadas de granos de pimienta, machacados
2 cucharadas de hierbas mixtas secas
1 cucharadita de pimienta de Cayena

Salsa de hinojo y tomate

4 jitomates Saladet, picados
1 bulbo de hinojo, finamente picado
1 cebolla morada, finamente picada
2 cucharadas de alcaparras
¼ taza de menta fresca, picada
1 diente de ajo, machacado
1 cucharada de jugo de limón amarillo
1 cucharada de jugo de naranja

Preparación

1 En un tazón colocar el atún. En otro tazón mezclar la paprika, el ajo en polvo, la cebolla en polvo, los granos de pimienta, las hierbas y la pimienta de Cayena. Añadir al atún, cubrir bien con la mezcla y agitar para retirar el exceso.

2 Para hacer la salsa, en un tazón colocar los jitomates, el hinojo, la cebolla, las alcaparras, la menta, el jugo de limón y el jugo de naranja, mezclar. Reservar hasta servir.

3 Calentar el aceite en la plancha de la parrilla, añadir el atún y asar de 3 a 4 minutos por lado o hasta que tome color negro y esté cocido. Servir de inmediato con la salsa. **Porciones 4**

Otra alternativa es usar pez espada o salmón.

FILETES DE SALMÓN AL JENGIBRE CON CHÍCHAROS PLANOS Y PAPAS

Ingredientes

4 chuletas de salmón
Sal
1cm de jengibre, picado
1 chile pequeño, sin semillas, picado
2 cucharadas de aceite, más extra para cocinar
1 cucharada de jugo de limón verde
Ralladura de 2 limones verdes
200g de chícharos planos, blanqueados
3 papas medianas, precocidas, con cáscara

Preparación

1 Sazonar el salmón con sal por ambos lados, reservar.

2 Mezclar el jengibre, el chile, el aceite, el jugo y la ralladura de limón. Verter la mitad en un recipiente hondo. Colocar las chuletas de salmón en el recipiente y verter el resto de la marinada. Dejar reposar durante 20 minutos antes de cocer.

3 Calentar la parrilla a intensidad media-alta y engrasar las barras. Asar el salmón de 3 a 4 minutos por lado, barnizando con la marinada durante la cocción. Mientras se asa, colocar los chícharos en papel aluminio y calentar sobre la parrilla. Cortar las papas en rebanadas de 1cm. Barnizar con aceite y asar sobre la plancha o sobre la parrilla durante unos cuantos minutos por lado. Servir de inmediato. **Porciones 4**

ENSALADA ASADA DE PULPO BABY

Ingredientes

140g de pulpo baby limpio

1 cucharadita de aceite de oliva

1 cucharada de jugo de limón verde

¼ taza de salsa de chile dulce

1 cucharada de salsa de pescado

50g de arroz vermicelli (fideos finos de arroz)

125g de hojas mixtas para ensalada

1 taza de germen de soya

1 pepino, en mitades

200g de tomates cherry, en mitades

½ taza de ramitas de cilantro fresco

Rodajas de limón verde, para servir

Preparación

1 Enjuagar el pulpo y secar con papel absorbente.

2 En una jarra colocar el aceite de ajonjolí, el jugo de limón, la salsa de chile dulce y la salsa de pescado, mezclar bien. Verter sobre el pulpo y bañarlo con la marinada. Tapar con plástico adherente y dejar reposar durante 4 horas o durante toda la noche. Colar y reservar la marinada.

3 En un tazón colocar el fideo de arroz, tapar con agua hirviendo y dejar reposar durante 10 minutos o hasta que esté suave. Colar bien.

4 Repartir las hojas de ensalada en 4 platos individuales, colocar el germen de soya encima, el fideo de arroz, el pepino y los tomates.

5 Colar el pulpo y reservar la marinada, asar en la parrilla precalentada hasta que esté suave y tome color, no cocer en exceso. Colocar la marinada en un recipiente pequeño y dejar que suelte el hervor. Servir el pulpo sobre la ensalada, bañar con la marinada caliente, decorar con el cilantro y las rodajas de limón. **Porciones 4**

CALAMARES ASADOS CON PURÉ DE FRIJOLES

Ingredientes

4 tubos de calamar, limpios
½ taza de aceite de oliva extra virgen
6 dientes de ajo, machacados
3 chiles rojos pequeños, finamente rebanados
¼ taza de orégano fresco, picado
1 ramita de romero
400g de frijoles claros de lata, colados, enjuagados
4 cebollas de cambray, finamente rebanadas
¼ taza de perejil
2 cucharadas de jugo de limón verde
Hojas de rúcula, para servir

Preparación

1 Con un cuchillo filoso cortar un lado de cada tubo de calamar, cortar en trozos grandes y hacer cortes poco profundos siguiendo un patrón de diamante en la parte interna. En un tazón colocar un cuarto del aceite de oliva, 3 dientes de ajo, 2 chiles y el orégano junto con los trozos de calamar, tapar y dejar marinar en el refrigerador de 1 a 3 horas.

2 En una cacerola pequeña colocar el resto del aceite, el romero y el resto del ajo, calentar ligeramente hasta que el ajo comience a dorar. Colar el aceite aromatizada y reservar. Desechar el resto de los ingredientes del aceite.

3 En otra cacerola colocar los frijoles y calentar bien. Pasar la mitad de los frijoles a un procesador de alimentos. Procesar y sin apagar el motor verter el aceite aromatizado en un chorro constante. Retirar del procesador e incorporar el resto de los frijoles a la mezcla del puré. Reservar y mantener caliente.

4 Calentar la parrilla hasta que esté muy caliente, colar el exceso de aceite de los calamares y asar a fuego muy alto durante 2 minutos o hasta que estén cocidos, sin cocer en exceso.

5 Incorporar las cebollas de cambray y el perejil a la mezcla de los frijoles, colocar una cucharada grande en cada plato y poner los trozos de calamar encima, bañar con el jugo de limón y servir con la rúcula. **Porciones 4**

TRUCHA AHUMADA

Ingredientes

4 truchas pequeñas, con cabeza y cola
1 cucharada de aceite vegetal
3 cebollas, finamente rebanadas
1 limón amarillo, finamente rebanado
8 ramitas de eneldo
1 taza de madera para ahumar
½ taza de vino blanco

Preparación

1 Colocar la trucha en una rejilla sobre una charola para asar. Barnizar ligeramente con aceite, poner las cebollas encima, el limón y el eneldo. En un recipiente de metal que no reaccione al fuego colocar la madera para ahumar junto con el vino, dejar reposar durante 1 hora.

2 Precalentar la parrilla tapada a intensidad baja. Colocar el recipiente con la madera sobre el carbón caliente, tapar la parrilla y calentar de 5 a 10 minutos o hasta que el líquido esté caliente.

3 Colocar la charola con la trucha sobre la rejilla en la parrilla, bajar la tapa y ahumar de 15 a 20 minutos o hasta que la trucha se desmenuce al perforarla con un tenedor. **Porciones 4**

Esta receta también puede hacerse con una caja para ahumar.

BROCHETAS DE CALAMARES TERIYAKI

Ingredientes

4 tubos de calamares grandes, limpios, cortados en tiras de 1cm

Salsa teriyaki

2cm de jengibre, rebanado

⅓ taza de mirin (vino de arroz que se usa como condimento en la cocina japonesa)

¼ taza de salsa de soya

¼ taza de sake (bebida alcohólica japonesa)

1 cucharada de miel

1 cucharadita de aceite de ajonjolí

Preparación

1 Remojar las brochetas de bambú en agua fría durante 20 minutos por lo menos.

2 Precalentar la parrilla a intensidad alta.

3 Encajar las tiras de calamar en las brochetas en forma de "S".

4 Colocar las brochetas sobre la parrilla y asar, volteando varias veces, de 1 a 2 minutos o hasta que los calamares estén cocidos, no cocer en exceso. Servir con la salsa teriyaki a un lado. **Porciones 4**

Salsa Teriyaki

1 En una cacerola colocar todos los ingredientes. Calentar y dejar que suelte el hervor a fuego lento, retirar del fuego y dejar enfriar. Retirar los trozos de jengibre y añadir el aceite de ajonjolí. Usar antes de 3 semanas. **Rinde 1 taza**

FILETES DE ATÚN A LA PARRILLA

Ingredientes

4 filetes de atún, gruesos

Marinada

½ taza de salsa teriyaki (ver receta anterior)

2 cebollas de cambray, picadas

1 cucharada de aceite vegetal

1cm de jengibre fresco, molido

Ralladura de 1 naranja

Preparación

1 En un recipiente hondo colocar los filetes de atún. Mezclar la salsa teriyaki, las cebollas de cambray, el aceite, el jengibre y la ralladura de naranja, verter sobre el pescado. Marinar durante 45 minutos, volteando ocasionalmente. Retirar el pescado y reservar la marinada.

2 Colocar el atún a 15 cm del carbón caliente. Asar durante 5 minutos por lado o hasta que los filetes se desmenucen fácilmente con un tenedor. Barnizar con frecuencia con la marinada reservada. **Porciones 4**

ATÚN ASADO CON SALSA DE DURAZNOS

Ingredientes

4 filetes de atún, de 170g cada uno
1 cucharada de aceite de oliva
Pimienta negra
Rodajas de limón verde para servir

Salsa

3 duraznos maduros, finamente picados
4 cebollas de cambray, finamente picadas
½ pimiento amarillo, finamente picado
Jugo de ½ limón verde
¼ taza de cilantro, picado, más extra para decorar
Pimienta negra

Preparación

1 Barnizar los filetes con el aceite y sazonar con pimienta. Para hacer la salsa, en un tazón colocar los duraznos, las cebollas de cambray, el pimiento, el jugo de limón, el cilantro y la pimienta negra, mezclar bien. Tapar y dejar marinar durante 1 hora mínimo para que los sabores se mezclen.

2 Precalentar la parrilla a intensidad alta. Asar los filetes de 3 a 5 minutos por lado, hasta que estén cocidos y la carne comience a desmenuzarse. Decorar con cilantro fresco y servir con rodajas de limón y la salsa de duraznos. **Porciones 4**

HUACHINANGO ASADO CON MAYONESA DE PEPINILLOS

Ingredientes

1 huachinango entero, de 1½ kg aproximadamente

½ pimiento rojo, picado

¼ taza de albahaca fresca, picada

2 cucharadas de jugo de limón amarillo

1 cucharada de aceite de oliva

Mayonesa de pepinillos

1 taza de mayonesa

⅓ taza de pepinillos picados

Preparación

1 Descamar el pescado y enjuagar bien. Secar con papel absorbente. Para hacer la mayonesa de pepinillos, mezclar la mayonesa con los pepinillos picados, reservar.

2 Mezclar el pimiento, la albahaca, el jugo de limón y el aceite. Colocar un poco dentro de la cavidad y untar el resto sobre el pescado.

3 Colocar el pescado sobre una hoja de papel aluminio y enrollar las orillas para encerrar el pescado. Poner sobre una rejilla y dejarla sobre las barras de la parrilla de manera que quede a 10 cm por encima de la fuente de calor. Asar de 10 a 12 minutos por lado. Usar una espátula para voltear o colocar el pescado en una rejilla doble. Servir con la mayonesa de pepinillos caliente y acompañar con rodajas de papa y ensalada. **Porciones 4**

FILETES DE ABADEJO

Ingredientes

4 filetes de abadejo, de 125g cada uno

1cm de jengibre, picado

1 diente de ajo, machacado

¼ taza de cilantro, finamente picado

2 cucharadas de aceite de oliva, y extra para cocinar

1½ cucharadas de jugo de limón amarillo

Preparación

1 Colocar los filetes en un platón. Mezclar el resto de los ingredientes, verter sobre el pescado y bañar bien. Tapar y dejar reposar de 10 a 15 minutos.

2 Calentar la parrilla a intensidad media-alta, engrasar las barras. Colar el pescado, reservar la marinada, asar de 3 a 4 minutos por lado, dependiendo del grosor. Barnizar con la marinada durante la cocción. Pasar a un platón para servir. Calentar el resto de la marinada y verter sobre el pescado. **Porciones 4**

El pescado está cocido cuando se desmenuza si se perfora con un tenedor. También se puede usar huachinango, eglefino o perca.

BACALAO ASADO CON PAPAS

Ingredientes

4 filetes de bacalao
3 cucharadas de aceite de oliva
2 cucharadas de jugo de limón verde
1 cucharadita de granos de pimienta, machacados
6 papas, en rebanadas muy finas
Sal de mar

Preparación

1 Colocar el pescado en un recipiente. Mezclar 1 cucharada del aceite, el jugo de limón y los granos de pimienta, barnizar el pescado con la mezcla, dejar marinar a temperatura ambiente durante 10 minutos.

2 Precalentar la parrilla a intensidad media. Barnizar las papas con aceite y espolvorear con la sal. Colocar sobre las barras de la parrilla ligeramente engrasadas y asar durante 5 minutos por lado o hasta que estén suaves y doradas. Transferir las papas a un extremo de la parrilla para mantener calientes.

3 Colocar el pescado sobre la parrilla ligeramente engrasada, asar de 3 a 5 minutos por lado o hasta que la carne se desmenuce al encajarle un tenedor. Para servir, acomodar las papas en platos individuales y colocar encima el pescado. **Porciones 4**

LANGOSTINOS EN BROCHETAS

Ingredientes

500g de langostinos
440g de trozos de piña de lata
½ taza de salsa de tomate
2 cucharadas de salsa teriyaki (ver página 116)
2 cucharadas de aceite
Salsa Tabasco (opcional)
1 pimiento verde, cortado en cubos

Preparación

1 Pelar los langostinos, dejar las colas intactas. Colar la piña, reservar 2 cucharadas del jugo. Mezclar el jugo de la piña, la salsa de tomate, la salsa teriyaki y el aceite. Agregar unas gotas de salsa Tabasco (opcional).

2 Encajar los langostinos en las brochetas alternando con los trozos de piña y de pimiento. Bañar generosamente con la salsa. Colocar en la parrilla y asar, volteando ocasionalmente y bañando con más salsa. **Porciones 4**

COLAS DE LANGOSTA CON ENSALADA EXÓTICA

Ingredientes

4 colas de langosta
90g de mantequilla
2 dientes de ajo, machacados
2 cucharadas de marinada de miel y limón (ver más abajo)
Aceite para cocinar

Ensalada exótica

1 aguacate, picado
2 pepinos, picados
½ taza de melón, pelado, picado
4 cucharadas de marinada de miel y limón (ver abajo)

Marinada de miel y limón

½ taza de aceite de oliva
2 cucharadas de jugo de limón amarillo
1 cucharada de miel
4 dientes de ajo, machacados
2 hojas de laurel, machacadas

Preparación

1 Con unas tijeras de cocina cortar cada lado del caparazón suave de la parte interior de las colas, quitar. Encajar una brocheta de metal a lo largo de cada cola para mantenerlas rectas durante la cocción. Suavizar la mantequilla y mezclarla con el ajo y la marinada de miel y limón. Bañar la carne de langosta con la mezcla de la mantequilla.

2 Preparar la ensalada antes de comenzar a cocer las colas de langosta. Mezclar el aguacate, el pepino y el melón. Verter la marinada de miel y limón sobre la ensalada. Refrigerar.

3 Calentar la parrilla a intensidad media-alta y engrasar las barras. Colocar las colas de langosta con el caparazón hacia abajo y asar hasta que tomen un color rojo. Barnizar con más mezcla de la mantequilla, voltear y asar con la carne hacia abajo de 5 a 8 minutos o hasta que la carne tome un color blanco. Voltear de nuevo y asar durante 2 minutos más, con el caparazón hacia abajo. Retirar las brochetas, poner las langostas sobre platos calientes. Colocar encima el resto de la mezcla de la mantequilla, servir de inmediato con la ensalada exótica. **Porciones 4**

Marinada de miel y limón

1 Mezclar todos los ingredientes. **Rinde ¾ de taza**

CALLOS DE HACHA ASADOS CON SALSA DE NARANJA

Ingredientes

12 callos de hacha
Sal y pimienta negra recién molida
2 naranjas pequeñas
4 tomates deshidratados en aceite, colados, picados
1 diente de ajo, machacado
1 cucharada de vinagre balsámico
4 cucharadas de aceite de oliva extra virgen
1 bulbo de hinojo grande, cortado a lo largo en 8 rebanadas
4 cucharadas de crème fraîche o crema fresca
Hojas de rúcula para decorar

Preparación

1 Sazonar los callos de hacha con sal y pimienta, reservar. Rebanar la parte superior e inferior de 1 naranja, quitar la cáscara y la parte blanca, siguiendo la curva de la fruta. Cortar entre las membranas para sacar los gajos, picar bien. Exprimir el jugo de la otra naranja y pasarlo a un tazón, añadir la naranja picada, los tomates, el ajo, el vinagre y 3 cucharadas del aceite.

2 Calentar las barras de la parrilla, barnizar ambos lados del hinojo con la mitad del resto del aceite. Asar de 2 a 3 minutos por lado, hasta que estén suaves y quemados. Pasar a platos para servir.

3 Barnizar los callos con el resto del aceite y asar durante 1 minuto, voltear y asar durante 30 segundos más o hasta que estén bien cocidos. Colocar 2 rebanadas de hinojo en cada plato individual, poner encima 1 cucharada de crème fraîche, 3 callos de hacha y la salsa. Decorar con la rúcula. Porciones 4

LANGOSTINOS TERIYAKI

Ingredientes

500g de langostinos, sin pelar
1 taza de salsa teriyaki (ver página 116)

Preparación

1 Pelar los langostinos, dejar las colas intactas. Colocarlos en un recipiente que no sea de metal, verter suficiente marinada para cubrirlos bien. Tapar y refrigerar de 1 a 2 horas. Encajar en las brochetas —si son pequeños, encajar 2 o 3 por brocheta, si son grandes encajar uno a lo largo.

2 Calentar la parrilla, colocar las brochetas y asar, barnizar por ambos lados mientras se asan. Cocer hasta que tomen color rosa. No cocer demasiado. Porciones 4

CALLOS DE HACHA ASADOS CON SALSA DE NARANJA

ENSALADA DE CALAMARES Y CALLOS DE HACHA

Ingredientes

2 tubos de calamares

250g de callos de hacha, sin coral

Aceite para cocinar

1 pimiento rojo, en mitades, sin semillas

1 pimiento amarillo o verde, en mitades, sin semillas

250g de espárragos, en piezas de 5cm, blanqueados

1 cebolla morada, rebanada

¼ taza de cilantro fresco

1 manojo de rúcula o berros

Aderezo balsámico con hierbas

2cm de jengibre fresco, finamente rallado

¼ taza de romero fresco, picado

1 diente de ajo, machacado

¼ taza de aceite de oliva

2 cucharadas de jugo de limón verde

1 cucharada de vinagre balsámico o de vino tinto

Preparación

1 Cortar los tubos de calamar a lo largo y abrir. Con un cuchillo filoso hacer cortes poco profundos paralelos a lo largo, hacer cortes en dirección contraria, para crear un patrón de diamante. Cortar en cuadros de 5 cm.

2 Precalentar la parrilla a intensidad alta. Colocar los calamares y los callos sobre la plancha ligeramente engrasada y asar durante 3 minutos o hasta que estén suaves, volteando varias veces, evitar cocer demasiado. Reservar para enfriar ligeramente.

3 Para hacer el aderezo, en un frasco con tapa de rosca colocar el jengibre, el romero, el ajo, el aceite, el jugo de limón y el vinagre, agitar bien para incorporar. Reservar.

4 Colocar las mitades de los pimientos con la piel hacia abajo sobre la parrilla ligeramente engrasada, asar de 5 a 10 minutos o hasta que la piel se hinche y se chamusque. Colocar los pimientos en una bolsa de plástico, dejar enfriar un poco. Retirar la piel y cortar en tiras.

5 Mezclar los pimientos, los espárragos, la cebolla y el cilantro. En un platón para servir colocar una cama de rúcula o berros, poner las verduras encima, junto con los calamares y los callos de hacha. Bañar con el aderezo y servir de inmediato. **Porciones 4**

FILETES DE PEZ ESPADA CON CILANTRO

Ingredientes

4 filetes de pez espada

1 cucharada de aceite de oliva

4 calabacitas italianas, en rebanadas largas

1 pimiento rojo, en cuartos

125g de mantequilla sin sal

¼ taza de cilantro, picado

40g de queso parmesano, rallado

Preparación

1 Calentar la parrilla y barnizar con aceite. Untar los filetes con aceite, colocar sobre la parrilla y asar de 3 a 4 minutos por lado, dependiendo del grosor. Untar las verduras con aceite, colocarlas en la parrilla. Asar durante unos minutos de cada lado. Retirar los filetes y las verduras, colocar en platos calientes para servir.

2 Acremar la mantequilla hasta que esté suave, incorporar el cilantro y el queso parmesano. Colocar los filetes de pez espada con una cucharada grande de la mantequilla de cilantro encima, servir de inmediato. **Porciones 4**

LANGOSTINOS CON CHILE

Ingredientes

1kg de langostinos crudos
Aceite para cocinar

Marinada de chile

2 cucharadas de pimienta negra machacada
2 cucharadas de salsa de chile dulce
1 cucharada de salsa de soya
1 diente de ajo, machacado
¼ taza de jugo de limón amarillo

Crema de mango

1 mango, picado grueso
3 cucharadas de leche de coco

Preparación

1 Pelar los langostinos y quitarles la vena, dejar las colas intactas. En un tazón mezclar la pimienta negra, la salsa de chile, la salsa de soya, el ajo y el jugo de limón. Añadir los langostinos, bañarlos con la mezcla, tapar y dejar reposar durante 1 hora. Bañar varias veces mientras se marinan.

2 Para hacer la crema de mango, en un procesador colocar el mango y la leche de coco, licuar hasta que esté suave.

3 Precalentar la parrilla a intensidad media. Colar los langostinos, asar de 3 a 4 minutos sobre la parrilla ligeramente engrasada hasta que cambien de color. Servir de inmediato con la crema de mango. Porciones 4

BROCHETAS DE SALMÓN

Ingredientes

500g de filetes de salmón, cortados en cubos de 2.5cm
250g de chícharos planos
Aceite para cocinar
1 cucharada de mostaza de grano entero
¼ taza de tomillo o tomillo limón, picado
½ cucharadita de comino molido
2 cucharadas de jugo de limón amarillo
2 cucharadas de miel

Preparación

1 Precalentar la parrilla a intensidad media. Encajar el salmón en las brochetas ligeramente engrasadas alternando con los chícharos.

2 En un tazón colocar la mostaza, el tomillo, el comino, el jugo de limón y la miel, mezclar bien. Barnizar las brochetas con la mezcla de mostaza, asar de 2 a 3 minutos sobre la parrilla ligeramente engrasada, o hasta que el salmón esté cocido. Porciones 4

BUÑUELOS DE MEJILLONES

Ingredientes

24 mejillones
1 cucharada de aceite
1 cebolla, finamente picada
1 diente de ajo, picado
1 ramita de limoncillo, machacada, cortada por la mitad a lo largo
1 cucharadita de pasta de chile
1 cucharada de curry en polvo
½ taza de leche de coco
2 huevos
½ taza de maicena
1 cucharadita de polvo para hornear
Rodajas de limón verde, para servir.

Preparación

1 Cocer los mejillones, quitar las conchas, reservar.

2 En una cacerola mediana calentar el aceite. Saltear la cebolla, el ajo y el limoncillo durante 5 minutos o hasta que la cebolla esté transparente. Añadir el chile y el curry en polvo, cocinar a fuego lento de 1 a 2 minutos o hasta que las especias suelten el aroma. Retirar del fuego, quitar el limoncillo, añadir la leche de coco y los huevos. Batir con un tenedor para incorporar.

3 Colocar los mejillones en un procesador de alimentos y añadir la mezcla de la cacerola junto con la maicena y el polvo para hornear, procesar hasta que los mejillones estén picados grueso y la mezcla esté incorporada. Alternativamente, picar los mejillones finamente y mezclar todos los ingredientes. Colocar 8 porciones de la mezcla sobre la plancha caliente y engrasada, freír hasta que estén dorados. Voltear y freír por el otro lado. Servir con las rodajas de limón. **Rinde 8 buñuelos**

PESCADO ASADO CON ALBAHACA Y TOMATES

Ingredientes

4 filetes de pescado blanco, de 200g cada uno

Marinada

1 cebolla pequeña, rallada

2 cucharadas de aceite de oliva

2 cucharadas de jugo de limón amarillo

¼ cucharadita de pimienta negra recién molida

½ cucharadita de sal

3 hojas de laurel

Acompañamiento

12 hojas de albahaca fresca

2 jitomates Saladet, rebanados

40g de queso parmesano, rallado

Preparación

1 En un recipiente de cerámica o de vidrio colocar el pescado en una sola capa. Mezclar los ingredientes de la marinada y verter sobre el pescado. Tapar y marinar durante 2 horas en el refrigerador.

2 Retirar el pescado de la marinada. Precalentar la parrilla y colocar el pescado. Bajar la tapa y asar durante 3 minutos hasta que se desmenuce, dependiendo del grosor. Colocar 3 hojas de albahaca sobre cada pescado, de 2 a 3 rebanadas de jitomate y el queso encima. Bajar la tapa y asar de 30 a 40 segundos más. Transferir de inmediato a platos individuales calientes y servir con guarnición. **Porciones 4**

OSTIONES Y MEJILLONES EN SU CONCHA

Ingredientes

300g de mejillones, lavados, limpios

18 ostiones en medias conchas

60g de mantequilla

¼ taza de perejil fresco, picado

2 cucharadas de jugo de limón amarillo

1 cucharada de jugo de naranja

1 cucharada de vino blanco

Preparación

1 Precalentar la parrilla a intensidad alta. Colocar los mejillones y los ostiones sobre la parrilla, asar de 3 a 5 minutos o hasta que las conchas de los mejillones se abran y los ostiones estén calientes. Desechar los mejillones que no se abran después de 5 minutos de cocción.

2 En una sartén de base gruesa mezclar la mantequilla, el perejil, el jugo de limón, el jugo de naranja y el vino, cocinar durante 2 minutos, revolviendo, hasta que la mezcla burbujee. Colocar los mariscos sobre un platón para servir, bañar con la mezcla de la mantequilla y servir de inmediato. **Porciones 4**

Los mejillones pueden permanecer sin agua hasta 7 días si se guardan adecuadamente. Para mantenerlos vivos, colocar los mejillones en una cubeta, cubrirlos con una toalla mojada y colocar hielo encima. Guardar en un lugar fresco, cuando el hielo se derrita quitar el agua y colocar más hielo. Es importante que no se vuelquen en el agua puesto que se ahogan.

PASTELITOS DE LANGOSTINOS CON AJONJOLÍ

Ingredientes

200g de langostinos crudos, pelados, sin vena

200g de carne de cangrejo, fresca

2 cebollas de cambray, picadas

¼ taza de albahaca fresca, finamente picada

1 chile rojo pequeño, sin semillas, finamente picado

1 cucharadita de comino molido

1 cucharadita de paprika

1 clara de huevo

150g de semillas de ajonjolí

1 cucharada de aceite vegetal

Preparación

1 Precalentar la parrilla a intensidad media. En un procesador de alimentos colocar los langostinos, la carne de cangrejo, las cebollas de cambray, la albahaca, el chile, el comino, la paprika y la clara de huevo, procesar para combinar bien. Tomar un cuarto de la mezcla, formar una tortita y cubrir con las semillas de ajonjolí. Repetir con el resto de la mezcla hasta formar cuatro tortitas.

2 Calentar el aceite en la plancha de la parrilla, colocar las tortitas y freír durante 10 minutos por lado o hasta que estén doradas y cocidas. **Porciones 4**

En lugar de la carne fresca de cangrejo puedes usar cangrejo enlatado. Estos pastelitos de mariscos son deliciosos servidos con salsa de chile dulce para remojar.

LANGOSTINOS CON LIMONCILLO

Ingredientes

1kg de langostinos crudos

3 ramitas de limoncillo fresco, finamente rebanadas

2 cebollas de cambray, picadas

2 chiles rojos frescos, finamente picados

2 dientes de ajo, machacados

4cm de jengibre, finamente rallado

1 cucharadita de pasta de camarón

1 cucharada de azúcar morena

½ taza de leche de coco

Preparación

1 Lavar los langostinos, dejar la piel y las colas, colocar en un recipiente de cerámica o de vidrio.

2 En un procesador de alimentos colocar el limoncillo, las cebollas de cambray, los chiles, el ajo, el jengibre y la pasta de camarón, procesar hasta que la mezcla esté suave. Añadir el azúcar y la leche de coco, procesar para incorporar. Verter la mezcla sobre los camarones, revolver, tapar y dejar marinar en el refrigerador de 3 a 4 horas.

3 Precalentar la parrilla a intensidad alta. Colar los camarones, colocar sobre la parrilla y asar durante 5 minutos o hasta que cambien de color, volteando varias veces. Servir de inmediato. **Porciones 4**

CHULETAS DE SALMÓN CON SALSA DE PIÑA

Ingredientes

4 chuletas de salmón, de 2.5cm de grosor
Aceite para cocinar

Salsa de piña

250g de piña fresca, picada grueso
2 cebollas de cambray, finamente picadas
1 chile rojo fresco, sin semillas, finamente picado
1 cucharada de jugo de limón amarillo
¼ taza de menta fresca, finamente picada

Preparación

1 Precalentar la parrilla a intensidad media. Asar las chuletas de salmón de 3 a 5 minutos por lado sobre la parrilla ligeramente engrasada, hasta que se desmenucen al perforarlas con un tenedor.

2 Para hacer la salsa, en un procesador de alimentos mezclar la piña, las cebollas de cambray, el chile, el jugo de limón y la menta. Servir a temperatura ambiente con las chuletas de salmón. **Porciones 4**

La piña fresca puede sustituirse por piña enlatada. La salsa también es deliciosa si se sirve con cualquier tipo de pescado o de pollo a la parrilla.

BROCHETAS DE PESCADO CON ESPECIAS

Ingredientes

750g de filetes de pescado blanco firme, en cubos de 2.5cm

Aceite para cocinar

1 cucharada de paprika molida

2 cucharadas de granos de pimienta machacados

1 cucharadita de comino molido

½ cucharadita de chile en polvo

Salsa de limón y yogur

½ taza de yogur natural bajo en grasa

1 cucharada de jugo de limón amarillo

¼ taza de tomillo o tomillo limón, picado

Pimienta negra recién molida

Preparación

1 Encajar el pescado en las brochetas ligeramente engrasadas. En un tazón colocar la paprika, la pimienta negra, el comino y el chile en polvo, mezclar. Espolvorear la mezcla sobre las brochetas.

2 Asar las brochetas en la parrilla precalentada de 2 a 3 minutos por lado o hasta que el pescado esté cocido.

3 Para hacer la salsa, en un recipiente colocar el yogur, el jugo de limón, el tomillo y la pimienta negra, mezclar bien. Servir con las brochetas. **Porciones 4**

HUACHINANGO AHUMADO

Ingredientes

1 huachinango entero, de 1kg aproximadamente

2 cucharaditas de aceite de ajonjolí

1cm de jengibre, rallado

1 cucharada de mirin (vino de arroz que se usa como condimento en la comida japonesa)

1 cucharada de azúcar morena

Mezcla para ahumar

½ taza de hojas de jazmín

4 anís estrella

Preparación

1 Quitar la piel del pescado. Hacer cuatro cortes profundos, en diagonal, en un lado del pescado. En una caja para ahumar colocar las hojas de jazmín y el anís estrella.

2 Mezclar el aceite de ajonjolí, el jengibre, el mirin y el azúcar. Frotar la mezcla en los cortes del pescado. Colocar con los cortes hacia arriba sobre una rejilla de metal.

3 Encender los quemadores laterales, precalentar la parrilla a intensidad alta y añadir la caja para ahumar. Bajar la intensidad a media-baja cuando las especias comiencen a ahumar. Colocar el pescado en el centro de la parrilla, lejos del fuego directo, tapar y asar de 20 a 30 minutos o hasta que esté cocido, voltear a la mitad de la cocción. Servir cortado en 3 o 4 piezas. **Porciones 4**

BROCHETAS DE PESCADO CON ESPECIAS

ENSALADA CALIENTE DE SALMÓN CON PAPAS

Ingredientes

600g de filetes de salmón

500g de papas pequeñas, en mitades

Aceite de oliva en aerosol

125g de elotitos baby

125g de hojas de espinacas baby, en mitades a lo largo

125g de tomates deshidratados

Aderezo

4 cucharadas de yogur natural reducido en grasas

3 cucharadas de salsa de chile dulce

2 cucharadas de jugo de limón

Preparación

1 Precalentar el horno a 22°C.

2 Quitar la piel de los filetes y quitar las espinas con unas pinzas. Cortar en cubos grandes.

3 En un recipiente para horno colocar las papas, rociar con el aceite en aerosol, hornear durante 30 minutos, voltear una o dos veces.

4 Añadir los elotitos baby al recipiente con las papas, cocer durante 10 minutos hasta que los elotes y las papas estén suaves. Apagar el horno y mantenerlos calientes. Rociar la parrilla con el aceite en aerosol, asar los cubos de salmón a fuego alto de 3 a 4 minutos o hasta que estén suaves y dorados.

5 Para hacer el aderezo, en un frasco pequeño de tapa de rosca colocar el yogur, la salsa de chile dulce y el jugo de limón, agitar para incorporar.

6 En un tazón mezclar las papas, los elotitos, las espinacas y los tomates. Repartir la ensalada en platos individuales, colocar encima los trozos de salmón y bañar con el aderezo. **Porciones 4**

cocina selecta

frutas y verduras

BROCHETAS DE QUESO CON CHAMPIÑONES

Ingredientes

400g de queso haloumi o panela
30 rebanadas de prosciutto, en mitades a lo largo
24 champiñones, sin tallo
½ taza de aceite de oliva ligera
4 cucharadas de vinagre balsámico
2 cucharadas de jugo de limón amarillo
3 cucharadas de azúcar
1½ cucharadas de mostaza de grano entero
¼ taza de romero fresco, picado
Sal y pimienta al gusto

Preparación

1 Cortar el queso en cuartos y cada cuarto en 6 trozos. Encajar el queso en 12 brochetas de metal alternando con el prosciutto y los champiñones. Colocar las brochetas en una sola capa en un recipiente grande.

2 En un frasco con tapa de rosca mezclar el aceite, el vinagre, el jugo de limón, el azúcar, la mostaza, el romero, la sal y la pimienta, agitar bien. Verter la mitad de la mezcla sobre las brochetas, volteándolas para bañarlas bien. Tapar y refrigerar durante 30 minutos.

3 Asar las brochetas sobre la parrilla hasta que estén doradas y suaves. Servir bañadas con el resto de la marinada. **Rinde 12 brochetas**

PIZZA DE CALABAZA A LA PARRILLA

Ingredientes

400g de calabaza amarilla
1 cucharada de aceite de oliva, más extra para cocinar
1 cebolla, rebanada
4 bases para pizza, pequeñas
300g de queso feta, desmenuzado
¼ taza de tomillo fresco, picado
Pimienta negra recién molida

Preparación

1 Precalentar la parrilla a intensidad alta. Pelar la calabaza, quitar las semillas, cortar en rebanadas. En la plancha de la parrilla calentar el aceite de 2 a 3 minutos, colocar la calabaza y asar durante 5 minutos por lado o hasta que esté suave y dorada. Reservar.

2 Colocar las bases para pizza sobre la parrilla ligeramente engrasada, asar durante 2 minutos o hasta que estén doradas y crujientes. Voltear, colocar encima la calabaza, la cebolla, el queso feta, el tomillo y la pimienta negra, asar de 4 a 5 minutos más o hasta que la costra de la base esté crujiente y dorada. Servir de inmediato. **Porciones 4**

La calabaza se puede sustituir por camote, es una deliciosa alternativa para esta receta.

BROCHETAS DE QUESO CON CHAMPIÑONES

ESPÁRRAGOS BALSÁMICOS A LA PARRILLA

Ingredientes

250g de espárragos frescos

3–4 chalotes (parecidos al ajo, pero con dientes más grandes), pelados, cortados en cuartos

3 dientes de ajo grandes, pelados, cortados en cuartos

Aceite de oliva en aerosol

1 cucharada de vinagre balsámico

¼ taza de tomillo fresco u otra hierba, picado

Preparación

1 Cortar las bases de los espárragos, pelar el tallo inferior si es necesario. Colocarlos en un recipiente, cubrir con agua hirviendo con sal. Dejar reposar durante 2 minutos, colar y secar sobre papel absorbente.

2 Calentar la parrilla a intensidad moderada-alta, colocar los chalotes y el ajo sobre la parrilla, rociar con aceite en aerosol. Asar y voltear a intervalos durante 2-3 minutos, colocar los espárragos en una sola capa sobre la parrilla, rociar con aceite y voltear a intervalos. Bañar las verduras con la mitad del vinagre balsámico, cocer hasta que los espárragos estén crujientes y suaves y los chalotes y el ajo estén dorados y suaves. Pasar las verduras a un platón para servir. Bañar con el resto del vinagre, añadir las hierbas frescas. Servir de inmediato. **Porciones 4**

POLENTA CON PIMIENTOS

Ingredientes

4 tazas de agua

1 taza de polenta instantánea

60g de mantequilla, picada

½ cucharada de granos de pimienta machacados

60g de queso parmesano, rallado

2 cucharadas de aceite de oliva

2 calabacitas italianas, cortadas en tiras

1 pimiento rojo, cortado en tiras

1 berenjena, cortada en tiras

125g de hojas de rúcula

½ taza de pesto

Queso parmesano en láminas

Preparación

1 En una cacerola calentar agua, dejar que suelte el hervor. Reducir a fuego lento, incorporar la polenta poco a poco y cocer revolviendo durante 4 minutos o hasta que la mezcla esté espesa y se separe de las paredes de la cacerola.

2 Incorporar la mantequilla, los granos de pimienta y el queso parmesano rallado. En un molde engrasado para pastel de 18 x 28 cm esparcir la mezcla de manera uniforme, refrigerar hasta que cuaje. Cortar la polenta en triángulos.

3 Barnizar la polenta, la calabacitas, el pimiento y la berenjena con aceite, asar en la parrilla de 3 a 5 minutos por lado hasta que la polenta esté dorada y las verduras estén doradas y suaves.

4 Para servir, colocar la rúcula, las verduras asadas, el pesto y las láminas de queso sobre los triángulos de polenta. **Porciones 4**

Cuando se prepara la polenta de esta manera es importante que la coloques en la superficie precalentada y no la voltees hasta que se forme la costra. Una vez que la costra está formada por completo es fácil voltearla. Si la volteas antes, la deliciosa costra se quedará en la parrilla.

TEPANYAKI DE NOODLES Y VERDURAS

Ingredientes

450g de noodles (fideos chinos de harina de trigo)

1 zanahoria grande, rallada

1 calabacita italiana, rallada

6 cebollas de cambray, picadas en cubos de 2.5cm

1 taza de salsa teriyaki (ver página 116)

Aceite para cocinar

Preparación

1 Enjuagar los noodles en agua caliente y separarlos. Colar muy bien. Mezclar las verduras. Colocar la salsa teriyaki en una cacerola pequeña para calentarla.

2 Calentar la plancha de la parrilla a intensidad media-alta, engrasar bien. Colocar los noodles en la plancha, añadir las verduras. Con las pinzas levantar los noodles y soltarlos para mezclar bien con las verduras, comenzar a verter la salsa caliente. Pasar a un platón cuando estén bien mezclados y calientes. Servir de inmediato. Porciones 4

GAJOS DE PAPA AL PESTO

Ingredientes

4 papas medianas

1 diente de ajo, machacado

2 cucharadas de pesto (salsa preparada con ajo, albahaca, piñones y aceite de oliva)

2 cucharadas de aceite de oliva

2 cucharadas de agua

40g de queso parmesano, rallado

Preparación

1 Pelar las papas y cortar a la mitad, rebanar cada mitad en 4–6 rodajas. Enjuagar bien y colar, poner en un tazón grande. Mezclar el ajo, el pesto, el aceite de oliva y el agua. Verter la mezcla sobre las papas y revolver para bañarlas bien. Colocar en una sola capa en un recipiente grande de aluminio, verter encima la mezcla de pesto que quede en el tazón.

2 Colocar en la parrilla, bajar la tapa y cocer a fuego indirecto durante 40 minutos, voltear después de 20 minutos de cocción. Cuando estén cocidas transferir a un platón y espolvorear con el queso parmesano. Porciones 4

ELOTES ASADOS

Ingredientes

4 elotes
100g de mantequilla
1 diente de ajo, machacado
1 cebolla de cambray, picada
Sal y pimienta

Preparación

1 Mezclar la mantequilla con el ajo, frotar los elotes con la mezcla.

2 Precalentar la parrilla a intensidad alta, cocer de 4 a 5 minutos, volteando frecuentemente.

3 Esparcir las cebollas, sazonar con sal y pimienta. Servir. **Porciones 4**

PARRILLADA DE TEPANYAKI DE VERDURAS

Ingredientes

½ manojo de cebollas de cambray, en trozos de 2cm

1 zanahoria mediana, finamente rebanada

150g de racimos de coliflor

125g de chícharos planos

1 camote pequeño, en rebanadas finas

½ col china, picada

Aceite para cocinar

1 taza de salsa teriyaki (ver página 116)

Preparación

1 Calentar la plancha de la parrilla a intensidad media-alta. Mezclar las verduras, colocar sobre la parrilla bien engrasada y esparcir con las pinzas.

2 Verter la salsa teriyaki en un recipiente de metal y calentar bien. Revolver las verduras hasta que se suavicen, bañar con la salsa mientras se cuecen.

3 Pasar a un platón caliente mientras están crujientes. Servir de inmediato con carnes a la parrilla. Porciones 4

Puedes preparar este platillo con tus verduras favoritas.

PAPAS ENTERAS ASADAS

Ingredientes

400g de papas medianas. Lavadas

2 cucharadas de aceite

2 cucharaditas de sal

½ taza de pepinillos con mostaza dulce

Preparación

1 Usar papas medianas para que se cuezan más rápido. Colocar las papas en un tazón, verter el aceite y espolvorear con sal, revolver para bañar. Envolver cada papa en un trozo de papel aluminio. Inmediatamente después de encender la parrilla colocar las papas sobre las barras o sobre la plancha antes de que esté lista para cocer la carne, esto da ventaja a las papas. Voltear a intervalos de pocos minutos. Ya que la parrilla esté caliente y la carne esté cociéndose, voltear las papas con más frecuencia. Con un tenedor verificar que estén suaves, reservar. Las papas tardan ente 15 y 20 minutos, dependiendo del tamaño y de la temperatura.

2 Desenvolver las papas, dejar una base de papel aluminio. Hacer un corte en cruz en la parte superior de cada papa, apretar la base para abrir un poco. Colocar los pepinillos con mostaza dulce encima y servir de inmediato. Porciones 4

CHAMPIÑONES ASADOS CON PAN

Ingredientes

8 champiñones grandes, planos
¼ taza de aceite de oliva
4 rebanadas de pan, gruesas
2 dientes de ajo, en mitades
¼ taza de perejil fresco, finamente picado
1 manojo pequeño de cebollín, finamente picado
¼ taza de albahaca fresca, finamente picada
Pimienta negra recién molida

Preparación

1 Precalentar la parrilla a intensidad media. Barnizar los champiñones con aceite y asar de 4 a 5 minutos sobre la parrilla ligeramente engrasada hasta que estén cocidos. Barnizar el pan por ambos lados con el resto del aceite, asar de 2 a 3 minutos por lado hasta que estén dorados.

2 Frotar un lado del pan con el ajo. Poner los panes en un platón para servir, colocar 2 champiñones en cada pan, espolvorear el perejil, el cebollín y la albahaca. Sazonar al gusto con pimienta negra y servir de inmediato. **Porciones 4**

ENSALADA CALIENTE DE VERDURAS

Ingredientes

6 calabacitas italianas, cortadas a lo largo en cuartos

2 cebollas moradas, rebanadas

Aceite para cocinar

150g de brotes de chícharos planos o berros

1 pimiento amarillo o rojo, picado

1 aguacate, picado

Aderezo de naranja

1 manojo de cebollín fresco, picado

¼ taza de jugo de naranja

1 cucharada de vinagre de vino tinto

2 cucharaditas de mostaza

Preparación

1 Precalentar la parrilla a intensidad media. Engrasar ligeramente la parrilla, colocar las calabacitas y las cebollas, asar de 2 a 3 minutos por lado hasta que estén doradas y suaves.

2 En un platón para servir poner los brotes de chícharos o los berros, el pimiento y el aguacate. Colocar encima las calabacitas y las cebollas.

3 Para hacer el aderezo, en un frasco con tapa de rosca colocar el cebollín, el jugo de naranja, el vinagre y la mostaza, agitar bien para mezclar. Bañar la ensalada con el aderezo y servir de inmediato. Porciones 4

Esta ensalada es deliciosa servida con pan tostado con aceite de oliva.

BROCHETAS CON SALSA DE HIERBAS

Ingredientes

1 pimiento verde, cortado en cubos de 2cm

2 calabazas italianas, cortadas en cubos de 2cm

1 cebolla morada, cortada en cubos de 2cm

1 berenjena, cortada en cubos de 2cm

16 tomates cherry

2 cucharadas de aceite de oliva, más extra para cocinar

Salsa de hierbas

¼ taza de eneldo fresco, picado

1 manojo pequeño de cebollín fresco, picado

1 taza de crema agria

2 cucharadas de jugo de limón amarillo

Preparación

1 Precalentar la parrilla a intensidad media. En las brochetas engrasadas encajar una pieza de pimiento, calabacitas, cebolla, berenjena y tomate. Repetir con el resto de los ingredientes.

2 Mezclar el aceite, el jugo de limón y el orégano, bañar las brochetas con la mezcla. Colocar las brochetas sobre la parrilla ligeramente engrasada y asar de 5 a 10 minutos o hasta que las verduras estén suaves, voltear varias veces.

3 Para hacer la salsa, en un tazón colocar el eneldo, el cebollín, la crema agria y el jugo de limón, mezclar bien. Servir con las brochetas. Porciones 4

Cuando cocines a la parrilla siempre ten agua a la mano. Si no hay alguna manguera cerca, ten una cubeta con agua cerca de la parrilla. También es conveniente tener un extinguidor o una manta para fuego.

ENSALADA CALIENTE DE VERDURAS
BROCHETAS CON SALSA DE HIERBAS

ENSALADA DE QUESO RICOTTA CON PIÑONES

Ingredientes

300g de queso ricotta, en una sola pieza

90g de queso parmesano, rallado

60g de piñones, tostados, finamente picados

1 cucharada de paprika dulce

1 cucharada de orégano seco

4 cucharadas de aceite de oliva

300g de hojas mixtas para ensalada

90g de brotes de chícharos planos o berros

200g de tomates cherry

1 aguacate, picado

30g de tomates deshidratados, rebanados

Aderezo de miel con especias

2 dientes de ajo, machacados

1 cucharadita de comino molido

1 cucharadita de cilantro molido

1 pizca de hojuelas de chile rojo

¼ taza de aceite de oliva

1 cucharada de vinagre de sidra

1 cucharadita de miel

Preparación

1 Colocar el queso ricotta en un colador forrado con una muselina, dejar colar durante 1 hora.

2 Precalentar la parrilla a intensidad media. En un tazón colocar el queso parmesano, los piñones, la paprika, el orégano y 2 cucharadas del aceite, mezclar bien. Presionar la mezcla en la superficie del queso ricotta para cubrirlo.

3 En la plancha de la parrilla calentar el resto del aceite, asar el queso ricotta durante 10 minutos o hasta que esté dorado, volteando ocasionalmente. Dejar reposar durante 10 minutos, cortar en rebanadas.

4 Poner las hojas para ensalada en un platón para servir, acomodar encima los brotes de chícharos planos o los berros, los tomates cherry, el aguacate, los tomates deshidratados y las rebanadas de queso ricotta.

5 Para hacer el aderezo, en un tazón colocar el ajo, el comino, el cilantro, las hojuelas de chile, el aceite, el vinagre y la miel, mezclar bien. Verter el aderezo sobre la ensalada y servir. Porciones 4

Si la parrilla de gas no enciende al primer intento, apágala y espera 20 segundos antes de intentarlo otra vez. Así evitas que haya exceso de gas.

TOMATES CON PESTO

Ingredientes

12 tomates cherry

2 cucharadas de pesto

40g de queso parmesano, rallado

Preparación

1 Rebanar la parte superior de los tomates sin separarla por completo.

2 Mezclar el pesto con el queso rallado, esparcir la mezcla en la superficie cortada de los tomates. Poner la tapa y luego otro poco de pesto encima. Poner los tomates de pie sobre la charola de aluminio, colocar la charola encima de la parrilla. Bajar la tapa de la parrilla y asar durante 15 minutos. Porciones 5

ENSALADA DE VERDURAS CON ADEREZO DE AJOS TOSTADOS

Ingredientes

1 pimiento rojo

1 pimiento verde

Aceite para cocinar

2 calabacitas italianas, cortadas en tiras largas

1 camote, pelado, cortado en rodajas de 5mm

1 zanahoria, pelada, cortada en rebanadas de 5mm a lo largo y en mitades

1 cebolla pequeña, cortada en rodajas de 5mm

1 berenjena pequeña, cortada en rodajas de 5mm

Aderezo de ajo tostado

2 dientes de ajo

2 cucharadas de aceite de oliva

1 cucharada de vinagre balsámico

¼ taza de perejil, finamente picado

1 cucharadita de pimienta negra recién molida

½ cucharadita de sal

Preparación

1 Cortar la parte superior y la base de los pimientos, cortarlos en cuartos para obtener rebanadas planas. Quitar las venas gruesas.

2 Precalentar la parrilla y engrasar las barras. Colocar los pimientos, con la piel hacia arriba, bajar la tapa y asar durante 8 minutos o hasta que la piel se ampolle. Retirar y colocar en una bolsa de plástico con cierre, dejar reposar de 10 a 15 minutos.

3 Colocar en la parrilla el resto de las verduras, incluyendo los dientes de ajo para el aderezo, bajar la tapa y asar de 6 a 8 minutos. Retirar las verduras conforme obtengan la suavidad deseada. Si no caben en la parrilla, asar las verduras en tandas. Asar el ajo hasta que esté muy suave.

4 Mientras se cuecen las demás verduras, quitar la piel de los pimientos y cortarlos en tiras de 1 cm de ancho.

5 En un tazón para servir colocar todas las verduras, excepto el ajo.

6 Para hacer el aderezo, pelar el ajo y machacar con el dorso de un tenedor, agregar el aceite y revolver bien, añadir el resto de los ingredientes, mezclar y bañar la ensalada. Servir con pan crujiente o como guarnición. Servir caliente o fría. **Porciones 4**

CALABAZA CON JENGIBRE

Ingredientes

500g de calabaza kabocha (o amarilla)
1cm de jengibre, picado
½ cucharadita de nuez moscada
2 cucharaditas de aceite
Sal y pimienta

Preparación

1 Cortar la calabaza en rebanadas de 5 mm, colocar los trozos en una charola de aluminio. Mezclar el jengibre, la nuez moscada, el aceite, la sal y la pimienta, verter la mezcla sobe la calabaza. Colocar sobre la parrilla, asar de 10 a 15 minutos. Voltear los trozos de calabaza a la mitad de la cocción. **Porciones 4**

La calabaza puede cocerse también sobre las barras engrasadas de la parrilla. Barnizar las rebanadas de calabaza con el aceite y espolvorear la sal. Cocer sobre la parrilla durante 5 minutos por lado. Antes de servir espolvorear la nuez moscada y el jengibre.

CEBOLLAS GLASEADAS

Ingredientes

12 cebollas pequeñas en escabeche
1 cucharadita de aceite
¼ taza de agua
¾ taza de marinada de vino tinto y ajo (ver página 88)

Preparación

1 Pelar las cebollas, marcar una cruz en el extremo de la raíz para evitar que se abran. Colocar en una charola de aluminio, añadir el aceite y el agua.

2 Encender la parrilla y colocar la charola con las cebollas. Las cebollas se calientan mientras la parrilla aumenta de temperatura.

3 Cuando las cebollas comiencen a suavizarse y el agua a evaporarse, agregar la marinada de vino tinto y ajo. Bañar las cebollas con la marinada, cocer hasta que estén glaseadas y suaves. Servir para acompañar carnes a la parrilla. **Porciones 4**

ENSALADA DE CHAMPIÑONES ASADOS

Ingredientes

400g de champiñones
20 dientes de ajo
Aceite en aerosol

Aderezo

¼ taza de vinagre de vino tinto
½ taza de aceite de oliva
¼ taza de estragón fresco, picado
¼ taza de perejil fresco, picado
¼ taza de eneldo fresco, picado
2 cucharadas de alcaparras

Preparación

1 Limpiar los champiñones y quitar los tallos si es necesario. Rociar los champiñones y los ajos con el aceite en aerosol, colocarlos sobre la parrilla caliente. Asar durante 10 minutos o hasta que estén ligeramente dorados y el ajo esté suave. Retirar los champiñones si se cuecen antes que el ajo. Pelar los ajos y colocarlos junto con los champiñones.

2 En un frasco con tapa de rosca colocar el vinagre, el aceite, el estragón, el perejil, el eneldo y las alcaparras, agitar para mezclar bien. Verter la mezcla sobre los champiñones y el ajo, revolver para bañarlos, reservar hasta servir. **Porciones 4**

CHAMPIÑONES RELLENOS DE CUSCÚS

Ingredientes

⅔ taza de cuscús (pequeños granos de sémola de trigo)
⅔ taza de agua hirviendo
20g de mantequilla
2 cucharaditas de aceite de oliva
1 cebolla, picada
2 dientes de ajo, machacados
1 cucharadita de garam masala (mezcla de especias aromáticas de la cocina hindú)
1 pizca de pimienta de Cayena
12 champiñones grandes, sin tallos
200g de queso feta

Preparación

1 Precalentar la parrilla a intensidad alta. En un tazón colocar el cuscús, verter el agua hirviendo, tapar y dejar reposar durante 5 minutos o hasta que el agua se haya absorbido. Añadir la mantequilla y revolver ligeramente con un tenedor.

2 En una sartén calentar el aceite a fuego medio, agregar la cebolla y el ajo, saltear durante 3 minutos, revolviendo, o hasta que la cebolla esté suave. Añadir el garam masala y la pimienta de Cayena, cocinar durante 1 minuto más. Agregar la mezcla de la cebolla al cuscús, mezclar.

3 Rellenar los champiñones con la mezcla del cuscús, colocar el queso feta encima y asar durante 5 minutos en la parrilla engrasada hasta que los champiñones estén suaves y el queso se derrita. **Porciones 4**

Si la parrilla no tiene plancha, usar una sartén con mango largo cuando la receta requiera asar sobre la plancha.

CAMOTES GLASEADOS

Ingredientes

500g de camotes, pelados, rebanados
Aceite para cocinar
1 cucharada de agua
½ taza de marinada de vino tinto y ajo (ver página 88)

Preparación

1 En una charola de aluminio engrasada acomodar las rebanadas de camote. Verter el agua. Barnizar la parte superior de los camotes con la marinada de vino tinto. Cubrir la charola con papel aluminio, colocar sobre la plancha y cocer durante 10 minutos. Retirar el papel, voltear el camote y barnizar con la marinada. Cocer sin tapar hasta que estén suaves y glaseados. **Porciones 4**

PAPAS ASADAS

Ingredientes

500g de papas medianas, lavadas
¼ taza de aceite de oliva
2 cucharadas de sal
½ taza de crema agria
1 cucharada de mostaza de Dijon

Preparación

1 Bañar las papas con el aceite y espolvorear con sal. Envolver cada papa en un trozo de papel aluminio. Cocer a fuego indirecto en la parrilla tapada de 20 a 25 minutos, voltear cada 5 minutos. Partir las papas por la mitad, servir con la crema agria mezclada con la mostaza de Dijon. **Porciones 4**

BROCHETAS DE VERDURAS CON DIP TAHINI

Ingredientes

3 calabacitas italianas, en cubos de 2cm

2 pimientos rojos, en cubos de 2cm

2 pimientos amarillos o verdes, en cubos de 2cm

8 calabazas de Castilla baby, en mitades

200g de queso feta, en cubos de 2cm

2 cucharadas de aceite de chile

Dip tahini

½ taza de pasta tahini (puré de ajonjolí)

3 cucharadas de yogur natural espeso

2 cucharadas de jugo de limón verde

1 cucharada de salsa de chile dulce

1 cucharada de puré de tomate

Pimienta negra recién molida

Preparación

1 Encajar las calabacitas, los pimientos, las calabazas de Castilla y el queso feta en las brochetas ligeramente engrasadas. Barnizar las brochetas con aceite y asar en la parrilla caliente durante 2 minutos por lado o hasta que estén doradas y las verduras estén suaves y crujientes.

2 Para hacer el dip, en un tazón mezclar la pasta tahini, el yogur, el jugo de limón, la salsa de chile, el puré de tomate y la pimienta negra, incorporar bien. Servir con las brochetas. **Porciones 4**

Asegúrate de que las verduras estén planas cuando las encajes en las brochetas, así se cuecen con más facilidad.

La pasta tahini se hace de semillas de ajonjolí tostadas y machacadas. El aceite suele separarse cuando está en reposo, es necesario batirla antes de usarla para incorporarla bien.

PASTELES DE RISOTTO CON CHAMPIÑONES

Ingredientes

125g de champiñones
30g de mantequilla
1 cucharada de aceite de oliva, más extra para cocinar
2 dientes de ajo, machacados
3 tiras de tocino, picadas
1 poro pequeño, finamente rebanado
1 taza de arroz Arborio o de grano corto
2½ tazas de caldo de pollo o de verduras, caliente
1 taza de vino blanco seco
60g de queso parmesano, rallado
Pimienta negra recién molida
¼ taza de harina
2 huevos, ligeramente batidos
1½ tazas de pan molido integral, de pan duro

Preparación

1 Rebanar los champiñones y quitarles el tallo. En una cacerola colocar la mantequilla y el aceite, calentar a fuego medio hasta que la mantequilla se derrita, añadir el ajo y el tocino, freír revolviendo durante 3 minutos o hasta que el tocino esté crujiente. Agregar el poro y freír durante 3 minutos más hasta que el poro esté dorado. Añadir el arroz y los champiñones, freír revolviendo frecuentemente durante 3 minutos más.

2 Verter ¾ de taza del caldo caliente y ¾ de taza del vino, cocer a fuego medio hasta que el líquido se absorba, revolviendo constantemente. Continuar añadiendo el caldo y el vino de la misma manera, revolviendo y dejando que el líquido se absorba antes de cada adición.

3 Retirar la cacerola del fuego, añadir el queso parmesano y la pimienta negra, mezclar bien. Reservar para enfriar. Refrigerar durante 3 horas mínimo.

4 Precalentar la parrilla a intensidad media. Tomar una cucharada de la mezcla y formar tortitas. Revolcar las tortitas en la harina y agitar para retirar el exceso. Bañar las tortitas en el huevo y revolcar en el pan molido. Cocer las tortitas sobre la plancha ligeramente engrasada durante 5 minutos por lado o hasta que estén doradas y bien cocidas. **Porciones 4**

Esta deliciosa botana será un éxito para acompañar las bebidas antes de preparar la comida en la parrilla. También puedes prepararlas en una sartén a fuego medio en la estufa. Para vegetarianos, no usar tocino y usar caldo de verduras.

REBANADAS DE VERDURAS A LA PARRILLA

Ingredientes

½ taza de aceite de oliva
1 diente de ajo, machacado
1 berenjena mediana, cortada a lo largo en rebanadas gruesas
2 calabacitas italianas grandes, cortadas a lo largo en rebanadas gruesas
2 pimientos rojos, sin semillas, cortados en cuartos
3 jitomates Saladet, cortados en rebanadas gruesas

Preparación

1 Precalentar la parrilla a intensidad media. En un tazón colocar el aceite y el ajo, batir para mezclar. Barnizar la berenjena, la calabacita, el pimiento y el jitomate.

2 Colocar la berenjena, la calabacitas y los pimientos sobre la parrilla ligeramente engrasada de 4 a 5 minutos, volteando con frecuencia, hasta que estén casi cocidas. Añadir las rebanadas de jitomate y asar todas las verduras de 2 a 3 minutos más. **Porciones 4**

TORTITAS DE AJO CON CREMA AGRIA

Ingredientes

1 taza de harina con una cucharadita de polvo para hornear
1 pizca de sal
½ taza de leche
1 huevo
1 diente de ajo, machacado
¼ de perejil, finamente picado
Aceite para cocinar
300g de crema agria
Pimienta negra recién molida

Preparación

1 Cernir la harina y la sal, colocar en un tazón. Batir la leche, el huevo, el ajo y el perejil, verter la mezcla al tazón con la harina y batir ligeramente hasta incorporar. No batir en exceso.

2 Precalentar la parrilla y engrasar la plancha. Colocar cucharadas de la mezcla en la parrilla. Voltear con una espátula cuando la parte inferior esté dorada y la superficie burbujee, asar por el otro lado.

3 Mantener calientes las tortitas hasta usar toda la mezcla. Colocar encima la crema agria, la pimienta y una ramita extra de perejil. **Rinde 12**

CHAMPIÑONES RELLENOS

Ingredientes

8 champiñones medianos
½ pimiento rojo, finamente picado
1 taza de pan molido fresco
1 diente de ajo, machacado
¼ taza de perejil, picado
1 cebolla de cambray, picada
40g de queso parmesano, rallado
40g de mantequilla, derretida

Preparación

1 Quitar los tallos de los champiñones. Mezclar el resto de los ingredientes y colocar bastante cantidad de la mezcla en los champiñones. Espolvorear con un poco de queso parmesano.

2 Colocar sobre la parrilla, tapar y asar durante 5 minutos o hasta que estén suaves. **Porciones 4**

TORTITAS DE AJO CON CREMA AGRIA

EMPANADAS DE ARROZ SALVAJE Y FRIJOL DE SOYA

Ingredientes

440g de frijoles de soya en lata, escurridos y enjuagados
1 taza de cilantro, picado
2 cebollas de cambray, picadas
2cm de jenjibre, finamente rallado
1 cucharada de comino molido
1 cucharada de cilantro molido
½ cucharadita de cúrcuma (condimento parecido al azafrán y al jengibre)
½ taza de arroz salvaje, cocido
½ taza de harina integral
1 huevo, ligeramente batido
2 cucharadas de aceite vegetal

Aderezo de yogur y chile dulce

1 taza de yogur natural bajo en grasas
2 cucharadas de salsa de chile dulce
1 cucharada de jugo de limón

Preparación

1 Precalentar la parrilla a intensidad media. En un procesador de alimentos mezclar el frijol de soya, el cilantro picado, las cebollas de cambray, el jenjibre, el comino, el cilantro molido y la cúrcuma durante 30 segundos o hasta que la mezcla tenga la consistencia de pan rallado grueso. Pasar la mezcla a un tazón, agregar el arroz, la harina y el huevo, revolver bien.

2 Calentar aceite en la plancha de la parrilla de 2 a 3 minutos, o hasta que esté bien caliente, agregar las empanadas y asar 5 minutos de cada lado o hasta que estén doradas.

3 Para hacer el aderezo, mezclar en un tazón el yogur, la salsa de chile dulce y el jugo de limón. Servir con las empañadas. **Porciones 4**

RATATOUILLE

Ingredientes

1 berenjena mediana, cortada en rodajas de 1cm
3 calabacitas italianas cortada en rodajas de 1cm
1 cebolla grande, cortada por la mitad y en rodajas
1 pimiento verde, en rodajas
1 diente de ajo, picado
aceite para cocinar
300g de salsa de tomate

Preparación

1 Preparar las verduras. Engrasar una charola de aluminio y agregar un poco de salsa de tomate. Colocar capas de verduras, bañadas con salsa de tomate. Cubrir al final con más salsa

2 Poner la charola tapada a fuego indirecto en la parrilla y cocinar por 30 minutos. **Porciones 4**

HAMBURGUESAS DE VERDURAS

Ingredientes

200g de brócoli, picado
200g de calabacitas italianas, picadas
100g de zanahorias, picadas
1 cebolla, finamente picada
1 diente de ajo, machacado
¼ taza de perejil, picado
1½ tazas de pan molido seco
¼ taza de harina común, cernida
Pimienta negra recién molida
4 bollos integrales, en mitades
4 hojas de lechuga

Salsa de tomate con especias

½ cucharada de aceite de oliva
1 cebolla pequeña, finamente picada
1 diente de ajo, machacado
1 chile rojo fresco, sin semillas, finamente picado
1 pimiento verde pequeño, finamente picado
400g de tomates de lata, machacados
Pimienta negra recién molida

Preparación

1 Para hacer las hamburguesas, hervir, cocer al vapor o en el horno de microondas el brócoli, la calabacita italiana y las zanahorias hasta que estén suaves. Colar y enjuagar bajo el chorro de agua fría, secar con papel absorbente.

2 En un procesador de alimentos colocar el brócoli, la calabacita italiana, la cebolla, el ajo y el perejil, procesar hasta formar un puré. Pasar la mezcla de las verduras a un tazón para mezclar, añadir pan molido y harina, sazonar con pimienta negra, mezclar bien. Tapar y refrigerar durante 30 minutos.

3 Con la mezcla formar 4 hamburguesas. Colocar sobre una charola forrada con papel antiadherente, tapar y refrigerar hasta cocinarse.

4 Para hacer la salsa, en una cacerola calentar el aceite, saltear la cebolla, el ajo, el chile y el pimiento durante 5 minutos o hasta que la cebolla y el pimiento estén suaves. Añadir los tomates, dejar que suelte el hervor, reducir el fuego y cocinar a fuego lento de 15 a 20 minutos o hasta que la salsa espese. Sazonar con pimienta negra.

5 Precalentar la parrilla a intensidad media. Asar las hamburguesas sobre la plancha ligeramente engrasada de 3 a 4 minutos por lado. Tostar el pan en la parrilla. Poner una hoja de lechuga, una hamburguesa y una cucharada de la salsa en la parte inferior de cada bollo, colocar encima la otra mitad y servir de inmediato.
Porciones 4

SAGANAKI SOUVLA

Ingredientes

400g de queso feta (o queso saganaki)
24 tomates cherry
24 hojas de menta
24 aceitunas verdes grandes, sin hueso
⅓ taza de aceite de oliva
3 cucharadas de jugo de limón amarillo
¼ taza de orégano
Sal y pimienta
Orégano extra para decorar

Preparación

1 Cortar el queso feta en trozos similares al tamaño de las aceitunas y los tomates cherry. Encajar el queso en 12 brochetas de metal alternando con los tomates, la menta y las aceitunas. Colocar las brochetas en un platón grande en una sola capa.

2 En un frasco con tapa de rosca mezclar el aceite, el jugo de limón, el orégano, sal y pimienta, agitar bien. Verter la mitad de la mezcla sobre las brochetas, volteando para bañarlas bien. Tapar y refrigerar durante 30 minutos.

3 Asar las brochetas en la parrilla hasta que estén doradas y los tomates sigan firmes. Servir bañadas con el resto de la mezcla del aceite, decorar con orégano fresco extra. **Porciones 4**

Souvla significa "brochetas" en griego.

MANZANAS RELLENAS

Ingredientes

4 manzanas rojas pequeñas, crujientes
1½ tazas de pan molido blanco, fresco
1 cebolla pequeña, picada muy finamente
Sal y pimienta
1 cucharada de pasas
2 cucharadas de marinada de miel y chile (ver página 22)

Preparación

1 Quitar el centro de las manzanas, cortar un poco más de pulpa para agrandar el agujero, poner la pulpa en una tabla. Picar finamente la pulpa de las manzanas y añadirla al pan molido, incorporar el resto de los ingredientes (excepto la marinada). Rellenar las manzanas con la mezcla.
En una charola de aluminio colocar las manzanas y barnizar con la marinada de miel y chile.

2 Colocar en la parrilla con fuego indirecto o colocar una rejilla alta sobre el fuego directo. Bajar la tapa y cocer durante 30 minutos. Servir para acompañar carne de cerdo o pavo asado. **Porciones 4**

SAGANAKI SOUVLA

PIÑA A LA PIMIENTA

Ingredientes

1 piña pequeña
1 chile pequeño, sin semillas, picado
1 cucharada de azúcar morena
20g de mantequilla, derretida
Aceite para cocinar

Preparación

1 Pelar la piña, quitar el centro y cortar la pulpa en aros. Mezclar el chile, el azúcar y la mantequilla derretida.

2 Colocar la piña sobre la parrilla engrasada y caliente. Asar durante 1 minuto por lado, barnizar con la mezcla del chile y asar durante 2 minutos más por lado. Servir con salchichas, chuletas de cerdo o pollo a la parrilla. **Porciones 4**

ADEREZO DE PIMIENTOS

Ingredientes

2 pimientos grandes
2 cucharadas de aceite de uva
1 cebolla mediana, rebanada
1 cucharadita de canela
1 anís estrella
2cm de jengibre, pelado, rebanado
2 hojas de laurel
1 chile rojo, sin semillas, picado
1 manzana, pelada, en cubos
3 cucharadas de pasas
2 cucharadas de azúcar morena
¼ taza de vino de Oporto
¼ taza de vinagre de vino blanco
2 gotas de aceite de chile (opcional)

Preparación

1 Cortar la parte superior de los pimientos, quitar las semillas, cortar en cuartos. Precalentar la parrilla y engrasar ligeramente. Colocar el pimiento en la parrilla, con la piel hacia arriba. Bajar la tapa y cocer durante 8 minutos o hasta que la piel esté hinchada. Colocar los pimientos en una bolsa con cierre, dejar reposar de 10 a 15 minutos. Pelar los pimientos, cortar en tiras y reservar junto con los jugos que queden en la bolsa.

2 En una cacerola de base gruesa calentar ligeramente el aceite de uva. Saltear la cebolla hasta que esté suave. Agregar las especias, el jengibre, las hojas de laurel, el chile y la manzana, saltear durante 2 minutos más.

3 Agregar las pasas, el azúcar, el vino de Oporto y el vinagre. Cocinar durante 8 minutos más a fuego alto hasta que la salsa reduzca considerablemente.

4 Añadir los pimientos y su jugo junto con el aceite de chile. Cocinar durante 1 minuto más.

5 Colocar el aderezo aún caliente en frascos esterilizados y precalentados. Dejar enfriar y poner en el refrigerador. Usar antes de 90 días. **Rinde 1 taza**.

Es una rica alternativa a la salsa comercial y puede usarse con cualquier cosa, desde salchichas hasta brochetas de cordero.

DURAZNOS ASADOS CON FROMAGE FRAIS

Ingredientes

6 duraznos
60g de galletas de almendras, desmenuzadas
200g de fromage frais o queso fresco bajo en grasas
1 cucharada de azúcar extrafino

Preparación

1 Cortar los duraznos por la mitad a lo largo, con las dos manos girar ambas mitades para despegar la pulpa del hueso. Con la punta de un cuchillo quitar el hueso.

2 En un recipiente de aluminio colocar las mitades de duraznos con el corte hacia arriba. Repartir las galletas de almendra sobre los duraznos, servir una cucharada grande de fromage frais sobre cada durazno.

3 Precalentar la parrilla a intensidad media. Asar los duraznos durante 5 minutos o hasta que la parte superior esté ligeramente dorada, esparcir un poco de azúcar encima. Aumentar la intensidad de la parrilla, asar durante 2 minutos más o hasta que el azúcar se dore ligeramente. **Porciones 4**

PERAS ASADAS CON JARABE DE VAINILLA

Ingredientes

4 peras
¼ taza de coco rallado
Helado de vainilla para servir

Jarabe de vainilla

2 tazas de azúcar
1 taza de agua
1 taza de vino dulce para postre
2 cucharaditas de extracto de vainilla
5cm de cáscara de naranja

Preparación

1 Cortar las peras por la mitad y quitar el centro. Para hacer el jarabe de vainilla, en una cacerola mediana mezclar el azúcar y el agua, revolver a fuego lento hasta que el azúcar se disuelva. Incorporar el resto de los ingredientes. Dejar que suelte el hervor, añadir las peras y hervir a fuego lento durante 10 minutos hasta que las peras estén bien cocidas. Retirar las peras del jarabe.

2 Sobre una charola para horno forrada con papel para hornear esparcir el coco. Cocer en el horno a 150°C, revolviendo ocasionalmente, durante 5 minutos o hasta que esté dorado. Pasar a un tazón para enfriar.

3 Cocer las peras sobre la plancha de la parrilla por ambos lados hasta que estén doradas.

4 Para servir repartir las mitades de peras en los platos, espolvorear el coco encima. Bañar con el jarabe, acompañar con helado de vainilla. Porciones 4

MELONES EN SALSA

Ingredientes

½ melón
½ melón verde
½ taza de marinada de vino tinto y ajo (ver página 88)

Preparación

1 Pelar los melones, quitar las semillas, cortar en cubos grandes.

2 Verter la marinada en un recipiente de aluminio y colocar sobre la plancha caliente. Cuando comience a burbujear añadir los cubos de melón.

3 Cocer durante unos minutos, voltear los cubos y bañar con la marinada para glasearlos. Retirar y servir con carnes y pollo a la parrilla. Porciones 4

PERAS ASADAS CON JARABE DE VAINILLA

FRUTA ENDULZADA CON YOGUR DE VAINILLA

Ingredientes

1 mango
1 piña pequeña, pelada, sin centro, rebanada
1 manzana, pelada, sin centro, rebanada
2 peras, peladas, sin centro, rebanadas
3 cucharadas de miel
2 cucharadas de jugo de manzana sin endulzantes
1 cucharadita de especias mixtas molidas
150g de yogur griego
150g de yogur bajo en grasas
Gotas de extracto de vainilla natural o de esencia de vainilla

Preparación

1 Precalentar la parrilla a intensidad alta. Pelar el mango, quitar el hueso. Pelar, quitar el centro y rebanar la piña, las manzanas y las peras.

2 En un tazón mezclar 2 cucharadas de la miel con el jugo de manzana y las especias mixtas. Forrar la parrilla con papel aluminio, acomodar encima la mitad del mango, de la piña, de las manzanas y de las peras. Bañar con la mitad de la mezcla de miel con especias. Asar durante 10 minutos o hasta que estén ligeramente suaves, voltear la fruta una vez. Mantener caliente mientras se asa el resto de la fruta con el resto de la mezcla de miel.

3 Mientras, en un tazón colocar el yogur griego, el yogur natural, el extracto de vainilla y el resto de la miel, mezclar bien. Servir la fruta caliente con el yogur de vainilla. **Porciones 4**

MANZANAS ASADAS

Ingredientes

4 manzanas grandes
150g de pasas
60g de higos, picados
½ cucharadita de jengibre molido
1 cucharadita de canela molida
½ cucharadita de clavos molidos
½ taza de brandy
40g de azúcar morena
40g de mantequilla

Preparación

1 En un recipiente colocar las pasas, los higos y las especias, cubrir con el brandy. Dejar marinar durante toda la noche.

2 Quitar el centro de las manzanas, hacer un corte poco profundo alrededor del centro para evitar que la piel se rompa. Colocar en un recipiente para horno. Rellenar las manzanas con la mezcla de las pasas. Espolvorear con azúcar y verter el brandy restante del recipiente.

3 Colocar un poco de mantequilla sobre cada manzana, cocer en la parrilla tapada durante 45 minutos. Servir con helado o yogur. **Porciones 4**

FRUTA ENDULZADA CON YOGUR DE VAINILLA

BOCADITOS DE PLÁTANO GLASEADO CON TOCINO

Ingredientes

2 plátanos grandes, firmes

4 tiras de tocino

½ taza de marinada de miel y chile (ver página 22)

Preparación

1 Pelar los plátanos, cortar en rebanadas angulares de 3cm de grueso. Cortar el tocino en tiras de 10cm de largo, enrollar alrededor de cada trozo de plátano. Asegurar con un palillo, barnizar con la marinada.

2 Colocar una rejilla sobre la parrilla caliente. Acomodar los trozos de plátano sobre la rejilla. Asar durante 10 minutos, barnizar con la marinada y voltear con frecuencia. **Porciones 4**

Servir como entrada para una comida a la parrilla o para acompañar filetes asados.

TOSTADO FRANCÉS CON PLÁTANOS ASADOS Y JARABE DE MAPLE

Ingredientes

4 bollos o bisquets

2 huevos

½ taza de leche

Mantequilla para cocinar

4 plátanos

Jarabe de maple

Preparación

1 Cortar cada bollo en tres rebanadas. Batir ligeramente los huevos y la leche hasta mezclar bien.

2 Calentar la mantequilla en la plancha de la parrilla. Remojar cada rebanada de pan en la mezcla del huevo. Escurrir el exceso y freír sobre la plancha hasta que estén ligeramente doradas y crujientes. Voltear para freír por el otro lado.

3 Colocar los plátanos con cáscara sobre la parrilla y asar mientras se fríe el pan. Asar los plátanos durante 10 minutos o hasta que estén suaves. Para servir, apilar el pan sobre un plato. Pelar los plátanos hasta la mitad y bañar los panes y los plátanos con el jarabe de maple. **Porciones 4**

MOUSSE DE MANGO CON FRUTAS ASADAS

Ingredientes

1 huevo grande, separado
¼ taza de azúcar extrafina
¼ taza de leche de coco en polvo
½ taza de leche
425g de mango de lata, rebanado, colado
1½ cucharaditas de grenetina
1 cucharada de jugo de limón verde
½ taza de crema espesa
Ralladura de limón amarillo y hojas de menta para decorar

Frutas asadas

2 plátanos, en mitades a lo largo
½ piña pequeña, en rebanadas gruesas
50g de mantequilla, derretida
¼ taza de jarabe de maple

Preparación

1 Engrasar ligeramente 4 moldes individuales (a ¾ de su capacidad)

2 Con una batidora eléctrica batir las yemas con el azúcar hasta que estén espesas y de color pálido.

3 En una sartén mediana incorporar la leche de coco en polvo con la leche hasta que se disuelva. Dejar que suelte el hervor y retirar del fuego. Incorporar gradualmente la mezcla del huevo. Devolver la mezcla a la misma sartén y revolver a fuego lento, sin que llegue a hervir, hasta que espese y cubra el dorso de una cuchara. Dejar enfriar durante 5 minutos.

4 Procesar el mango hasta formar un puré, incorporar a la mezcla de la yema de huevo.

5 En una taza colocar la grenetina con el jugo. Colocar la taza en una cacerola con agua hirviendo, revolver hasta que se disuelva. Incorporar a la mezcla del mango y dejar enfriar.

6 En un tazón pequeño batir las claras de huevo con una batidora hasta formar picos suaves, incorporar la mezcla de mango y la crema. Repartir entre los moldes. Tapar y refrigerar durante varias horas o hasta que cuaje.

7 Asar la fruta sobre la parrilla caliente y engrasada, barnizar con la mezcla de mantequilla con el jarabe, hasta que esté suave y dorada por ambos lados.

8 Para servir, desmoldar sobre platos individuales y servir con la fruta asada. Decorar con la ralladura de limón y las hojas de menta. **Porciones 4**

MOUSSE DE MANGO CON FRUTAS ASADAS

glosario

Aceite de ajonjolí tostado (también llamado aceite de ajonjolí oriental): aceite oscuro poliinsaturado con punto de ebullición bajo. No debe reemplazarse por aceite más claro.
Aceite de cártamo: aceite vegetal que contiene la mayor proporción de grasas poliinsaturadas.
Aceite de oliva: diferentes grados de aceite extraído de las aceitunas. El aceite de oliva extra virgen tiene un fuerte sabor afrutado y el menor grado de acidez. El aceite de oliva virgen es un poco más ácido y con un sabor más ligero. El aceite de oliva puro es una mezcla procesada de aceites de oliva, tiene el mayor grado de acidez y el sabor más ligero.
Acremar: hacer suave y cremoso al frotar con el dorso de una cuchara o al batir con una batidora. Por lo general se aplica a la grasa y al azúcar.
Agua acidulada: agua con un ácido añadido, como jugo de limón o vinagre, que evita la decoloración de los ingredientes, en particular de la fruta o las verduras. La proporción de ácido con agua es 1 cucharadita por cada 300ml
A la diabla: platillo o salsa ligeramente sazonado con un ingrediente picante como mostaza, salsa inglesa o pimienta de Cayena.
Al dente: término italiano para cocinar que se refiere a los ingredientes cocinados hasta que estén suaves, pero firmes al morderlos, por lo general se aplica para la pasta.
Al gratín: alimentos espolvoreados con pan molido, por lo general cubiertos de una salsa de queso y dorados hasta que se forma una capa crujiente.
Amasar: trabajar la masa usando las manos, aplicando presión con la palma de la mano, y estirándola y doblándola.
Américaine: método para servir pescados y mariscos, por lo general langostas y rapes, en una salsa de aceite de oliva, hierbas aromáticas, tomates, vino tinto, caldo de pescado, brandy y estragón.
Anglaise: estilo de cocinar que se refiere a platillos cocidos simples, como verduras hervidas. Assiette anglaise es un plato de carne cocida fría.
Antipasto: término italiano que significa "antes de la comida", se refiere a una selección de carnes frías, verduras, quesos, por lo general marinados, que se sirven como entremés. Un antipasto típico incluye salami, prosciutto, corazones de alcachofa marinados, filetes de anchoas, aceitunas, atún y queso provolone.
Asafétida: planta herbácea perenne nativa de Irán. La savia seca se usa como especia. Tiene un sabor parecido a la cebolla y al ajo.
Bañar: humedecer la comida durante la cocción vertiendo o barnizando líquido o grasa.
Baño María: una cacerola dentro de una sartén grande llena de agua hirviendo para mantener los líquidos en punto de ebullición.
Batir: agitar vigorosamente, mover rápidamente para incorporar aire y provocar que el ingrediente se expanda.
Beurre manié: cantidades iguales de mantequilla y harina amasadas y añadidas, poco a poco, para espesar un caldo.
Blanc: líquido que se hace al añadir harina y jugo de limón al agua para evitar que ciertos alimentos se decoloren durante la cocción.
Blanquear: sumergir en agua hirviendo y después, en algunos casos, en agua fría. Las frutas y las nueces se blanquean para quitarles la piel con mayor facilidad.
Blanquette: estofado blanco de cordero, ternera o pollo cubiertos de yemas de huevo y crema, acompañado de cebolla y champiñones.
Bonne femme: platos cocinados al tradicional estilo francés "ama de casa". El pollo y el cerdo bonne femme se acompañan de tocino, papas y cebollas baby; el pescado bonne femme con champiñones en una salsa de vino blanco.
Bouquet garni: un conjunto de hierbas, por lo general de ramitas de perejil, tomillo, mejorana, romero, una hoja de laurel, granos de pimienta y clavo en un pequeño saco que se utiliza para dar sabor a estofados y caldos.
Brasear: cocer piezas enteras o grandes de aves, animales de caza, pescados, carnes o verduras en una pequeña cantidad de vino, caldo u otro líquido en una cacerola cerrada. El ingrediente principal se fríe primero en grasa y se cuece al horno o sobre la estufa. Esta técnica es ideal para carnes duras y aves maduras, produce una rica salsa.
Caldo: líquido que resulta de cocer carne, huesos y/o verduras en agua para hacer una base para sopas y otras recetas. Se puede sustituir el caldo fresco por caldo en cubitos, aunque es necesario verificar el contenido de sodio para las dietas reducidas en sal.
Calzone: paquetito semicircular de masa para pizza relleno de carne o verduras, sellado y horneado.
Caramelizar: derretir el azúcar hasta que forme un jarabe dorado-café.
Carne magra: la grasa y los cartílagos son retirados de la carne de un hueso y la carne queda virtualmente sin grasa.
Cernir: pasar una sustancia seca en polvo por un colador para retirar grumos y que sea más ligera.
Chasseur: término francés que significa "cazador". Es un estilo de platillo en el que se cuecen carnes y pollos con champiñones, cebollas de cambray, vino blanco y tomate.
Concasser: picar grueso, por lo general se refiere a tomates.
Confitar: significa preservar alimentos en conserva al cocerlos de manera muy lenta hasta que estén tiernos. En el caso de la carne, como la carne de pato o de ganso, se cuece en su propia grasa para que la carne no entre en contacto con el aire. Algunas verduras como la cebolla se hacen confitadas.
Consomé: sopa ligera hecha, por lo general, de res.
Couli: puré ligero hecho de frutas o verduras frescas o cocidas, con la consistencia suficiente para ser vertido. Su consistencia puede ser rugosa o muy suave.
Crepa: mezcla dulce o salada con forma de disco plano.
Crudités: verduras crudas cortadas en rebanadas o tiras para comer solas o con salsa, o verduras ralladas como ensalada con un aderezo sencillo.
Crutones: pequeños cubos de pan tostados o fritos.
Cuajar: hacer que la leche o una salsa se separe en sólido y líquido, por ejemplo, mezclas de huevo sobrecocidas.
Cubrir: forrar con una ligera capa de harina, azúcar, nueces, migajas, semillas de ajonjolí o de amapola, azúcar con canela o especias molidas.
Cuscús: cereal procesado a partir de la sémola, tradicionalmente se hierve y se sirve con carne y verduras, es el típico platillo del norte de África.
Decorar: adornar la comida, por lo general se usa algo comestible.
Derretir: calentar hasta convertir en líquido.
Desglasar: disolver el jugo de cocción solidificado en la sartén al añadirle líquido, raspar y mover vigorosamente mientras el líquido suelta el hervor. Los jugos de cocción se pueden usar para hacer gravy o para añadirse a la salsa.
Desgrasar: retirar la grasa de la superficie de un líquido. Si es posible, el líquido debe estar frío para que la grasa esté sólida. En caso contrario, retirar la grasa con una cuchara grande de metal y pasar un pedazo de papel absorbente por la superficie del líquido para retirar los restos.
Desmenuzar: separar en pequeños trocitos con un tenedor.
Despiezar: cortar las aves, animales de caza o animales pequeños en piezas divididas en los puntos de las articulaciones.
Disolver: mezclar un ingrediente seco con líquido hasta que se absorba.
Emulsión: mezcla de dos líquidos que juntos son indisolubles, como el agua y el aceite.
En cubos: cortar en piezas con seis lados iguales.
Engrasar: frotar o barnizar ligeramente con aceite o grasa.
Ensalada mixta: guarnición de verduras, por lo general zanahorias, cebollas, lechuga y tomate rojo.
Entrada: en Europa significa aperitivo, en Estados Unidos significa plato principal.
Escaldar: llevar justo al punto de ebullición, por lo general se usa para la leche. También significa enjuagar en agua hirviendo.
Espesar: hacer que un líquido sea más espeso al mezclar arrurruz, maicena o harina en la misma cantidad de agua fría y verterla al líquido caliente, cocer y revolver hasta que espese.
Espolvorear: esparcir o cubrir ligeramente con harina o azúcar glas.
Espumar: retirar una superficie (por lo general, de impurezas) de un líquido usando una cuchara o pala pequeña.
Fenogreco: pequeña hierba anual de la familia del chícharo. Sus semillas se usan para sazonar. El fenogreco molido tiene un fuerte sabor dulce, como a maple, picante y amargo, su aroma es de azúcar quemada.
Fibra dietética: parte de algunos alimentos que el cuerpo humano no digiere o lo hace parcialmente y que promueve la sana digestión de otras materias alimenticias.
Filete: corte especial de la res, cordero, cerdo, ternera, pechuga de aves, pescado sin espinas cortado a lo largo.
Fileteado: rebanado en trozos largos y delgados, se refiere a las nueces, en especial a las almendras.
Flamear: prender fuego al alcohol sobre la comida.
Fondo: líquido en el que el pescado, las aves o la carne es cocido. Consiste en agua con hojas de laurel, cebolla, zanahoria, sal y pimienta negra recién molida. Entre otros ingredientes se incluyen vino, vinagre, caldo, ajo o cebollas de cambray.
Forrar: cubrir el interior de un recipiente con papel para proteger o facilitar el desmolde.
Freír: cocer en una pequeña cantidad de grasa hasta que dore.
Freír revolviendo: cocer rebanadas delgadas de carne y verduras a fuego alto con una pequeña cantidad de aceite, sin dejar de revolver. Tradicionalmente se cuece en un wok, aunque se puede usar una sartén de base gruesa.
Fricassée: platillo que incluye aves, pescado o verduras con salsa blanca o veloute. En Gran Bretaña y

Estados Unidos, el nombre se aplica a un antiguo platillo de pollo en una salsa cremosa.

Frotar: método para incorporar grasa con harina usando sólo las puntas de los dedos. También incorpora aire a la mezcla.

Galangal: miembro de la familia del jengibre conocido popularmente como jengibre de Laos. Tiene un ligero sabor a pimienta con matices de jengibre.

Ganache: relleno o glasé hecho de crema entera, chocolate y/u otros sabores que se usa para cubrir las capas de algunos pasteles de chocolate.

Glaseado: cubierta delgada de huevo batido, jarabe o gelatina que se barniza sobre galletas, frutas o carnes cocidas.

Gluten: proteína de la harina que se desarrolla al amasar la pasta y la hace elástica.

Grasa poliinsaturada: uno de los tres tipos de grasas que se encuentran en la comida. Se encuentra en grandes cantidades en aceites vegetales como el aceite de cártamo, de girasol, de maíz y de soya. Este tipo de grasa disminuye el nivel de colesterol en la sangre.

Grasa total: ingesta diaria individual de los tres tipos de grasa descritos. Los nutriólogos recomiendan que la grasa aporte no más del 35 por ciento de la energía diaria de la dieta.

Grasas monoinsaturadas: uno de los tres tipos de grasas que se encuentran en los alimentos. Se cree que este tipo de grasas no eleva el nivel de colesterol en la sangre.

Grasas saturadas: uno de los tres tipos que encontramos en los alimentos. Existen en grandes cantidades en productos animales, en aceites de coco y palma. Aumentan los niveles de colesterol en la sangre. Puesto que los niveles altos de colesterol causan enfermedades cardiacas, el consumo de grasas saturadas debe ser menor al 15 por ciento de la ingesta diaria de calorías.

Gratinar: platillo cocido al horno o bajo la parrilla de manera que desarrolla una costra color café. Se hace espolvoreando queso o pan molido sobre el platillo antes de hornear. La costra gratinada queda muy crujiente.

Harina sazonada: harina a la que se añade sal y pimienta.

Hervir a fuego lento: cocer suavemente la comida en líquido que burbujea de manera uniforme justo antes del punto de ebullición para que se cueza parejo y que no se rompa.

Hojas de parra: hojas tiernas de vid, con sabor ligero, que se usan para envolver mezclas. Las hojas deben lavarse bien antes de usarse.

Humedecer: devolver la humedad a los alimentos deshidratados al remojarlos en líquido.

Incorporar ligeramente: combinar moderadamente una mezcla delicada con una mezcla más sólida, se usa una cuchara de metal.

Infusionar: sumergir hierbas, especias u otros saborizantes en líquidos calientes para darle sabor. El proceso tarda de 2 a 5 minutos, dependiendo del sabor. El líquido debe estar muy caliente sin que llegue a hervir.

Juliana: cortar la carne en tiras del tamaño de un cerillo.

Laqueado: azúcar caramelizada desglasada con vinagre que se usa en las salsas de múltiples sabores para platillos como pato a la naranja.

Licuar: mezclar completamente.

Macerar: remojar alimentos en líquido para ablandarlos.

Mantequilla clarificada: derretir la mantequilla y separar el aceite del sedimento.

Mantequilla clarificada por ebullición: proceso que consiste en separar la mantequilla (sólido y líquido) al hervirla.

Marcar: hacer cortes superficiales en la comida para evitar que se curve o para hacerla más atractiva.

Marinada: líquido sazonado, por lo general es una mezcla aceitosa y ácida, en el que se remojan los alimentos para suavizarlos y darles más sabor.

Marinar: dejar reposar los alimentos en una marinada para sazonarlos y suavizarlos.

Marinara: estilo "marinero" italiano de cocinar que no se refiere a ninguna combinación especial de ingredientes. La salsa marinara de tomate para pasta es la más común.

Mariposa: corte horizontal en un alimento de manera que, al abrirlo, queda en forma de alas de mariposa. Los filetes, los langostinos y los pescados gruesos por lo general se cortan en mariposa para que se cuezan más rápido.

Mechar: introducir. Por ejemplo, introducir clavos al jamón horneado.

Mezclar: combinar los ingredientes al revolverlos.

Molde: pequeño recipiente individual para hornear de forma oval o redonda.

Nicoise: clásica ensalada francesa que consiste en tomates rojos, ajo, aceitunas negras, anchoas, atún y judías.

Noisette: pequeña "nuez" de cordero cortada del lomo o costillar que se enrolla y se corta en rebanadas. También significa dar sabor con avellanas o mantequilla cocida hasta que obtenga un color café avellana.

Normande: estilo para cocinar pescado con acompañamiento de camarones, mejillones y champiñones en vino blanco o salsa cremosa; para aves y carnes con una salsa con crema, brandy calvados y manzana.

Pan naan: pan ligeramente fermentado que se utiliza en la cocina india.

Papillote: cocer la comida en papel encerado o papel de aluminio barnizado con grasa o mantequilla. También se refiere a la decoración que se coloca para cubrir los extremos de las patas de las aves.

Paté: pasta hecha de carne o mariscos que se usa para untar sobre pan tostado o galletas.

Paupiette: rebanada delgada de carne, aves o pescado untada con un relleno y enrollada. En Estados Unidos se le llama "bird" y en Gran Bretaña "olive".

Pelar: quitar la cubierta exterior.

Picar fino: cortar en trozos muy pequeños.

Pochar: hervir ligeramente en suficiente líquido caliente para que cubra al alimento, con cuidado de mantener su forma.

Puré: pasta suave de verduras o frutas que se hace al pasar los alimentos por un colador, licuarlos o procesarlos.

Quemar las plumas: flamear rápidamente las aves para eliminar los restos de las plumas después de desplumar.

Rábano daikon: rábano japonés que es blanco y largo.

Ragú: tradicionalmente, cocido sazonado que contiene carne, verduras y vino. Hoy en día se aplica el término a cualquier mezcla cocida.

Ralladura: delgada capa exterior de los cítricos que contiene el aceite cítrico. Se obtiene con un pelador de verduras o un rallador para separarla de la cubierta blanca debajo de la cáscara.

Reducir: cocer a fuego muy alto, sin tapar, hasta que el líquido se reduce por evaporación.

Refrescar: enfriar rápidamente los alimentos calientes, ya sea bajo el chorro de agua fría o al sumergirlos en agua con hielo, para evitar que sigan cociéndose. Se usa para verduras y algunas veces para bivalvos.

Revolcar: cubrir con un ingrediente seco, como harina o azúcar.

Risotto: comida tradicional italiana realizada a base de arroz.

Rociar: verter con un chorro fino sobre una superficie.

Roulade: masa o trozo de carne, por lo general de cerdo o ternera, relleno, enrollado y braseado o pochado.

Roux: para integrar salsas y se hace de harina con mantequilla o alguna otra sustancia grasosa, a la que se añade un líquido caliente. Una salsa con base de roux puede ser blanca, rubia o dorada, depende de la cocción de la mantequilla.

Salsa: jugo derivado de la cocción del ingrediente principal, o salsa añadida a un platillo para aumentar su sabor. En Italia el término suele referirse a las salsas para pasta.

Saltear: cocer o dorar en pequeñas cantidades de grasa caliente.

Sancochar: hervir o hervir a fuego lento hasta que se cueza parcialmente (más cocido que al blanquear).

Sartén de base gruesa: cacerola pesada con tapa hecha de hierro fundido o cerámica.

Sartén de teflón: sartén cuya superficie no reacciona químicamente ante la comida, puede ser de acero inoxidable, vidrio y de otras aleaciones.

Sellar: dorar rápidamente la superficie a fuego alto.

Souse: cubrir la comida, en especial el pescado, con vinagre de vino y especias y cocer lentamente, la comida se enfría en el mismo líquido.

Sudar: cocer alimentos rebanados o picados, por lo general verduras, en un poco de grasa y nada de líquido a fuego muy lento. Se cubren con papel aluminio para que la comida se cueza en sus propios jugos antes de añadirla a otros ingredientes.

Suero de leche: cultivo lácteo de sabor penetrante, su ligera acidez lo hace una base ideal para marinadas para aves.

Sugo: salsa italiana hecha del líquido o jugo extraído de la fruta o carne durante la cocción.

Timbal: mezcla cremosa de verduras o carne horneada en un molde. También se refiere a un platillo horneado en forma de tambor de la cocina francesa.

Trigo bulgur: tipo de trigo en el que los granos se cuecen al vapor y se secan antes de ser machacados.

Verduras crucíferas: ciertos miembros de la familia de la mostaza, la col y el nabo con flores cruciformes y fuertes aromas y sabores.

Vinagre balsámico: vinagre dulce, extremadamente aromático, con base de vino que se elabora en el norte de Italia. Tradicionalmente, el vinagre se añeja durante 7 años por lo menos en barriles de diferentes tipos de madera.

Vinagre de arroz: vinagre aromático que es menos dulce que el vinagre de sidra y no tan fuerte como el vinagre de malta destilado. El vinagre de arroz japonés es más suave que el chino.

índice

pesos y medidas

Cocinar no es una ciencia exacta, no son necesarias básculas calibradas, ni tubos de ensayo ni equipo científico para cocinar, aunque la conversión de las medidas métricas en algunos países y sus interpretaciones pueden intimidar a cualquier buen cocinero.

En las recetas se dan los pesos para ingredientes como carnes, pescados, aves y algunas verduras, pero en la cocina convencional, unos gramos u onzas de más o de menos no afectan el éxito de tus platillos.

Aunque las recetas se probaron con el estándar australiano de 1 taza/250ml, 1 cucharada/20ml y 1 cucharadita/5ml, funcionan correctamente para las medidas de Estados Unidos y Canadá de 1 taza/8fl oz, o del Reino Unido de 1 taza/300ml. Preferimos utilizar medidas de tazas graduadas y no de cucharadas para que las proporciones sean siempre las mismas. Donde se indican medidas en cucharadas, no son medidas exactas, de manera que si usas la cucharada más pequeña de EU o del Reino Unido el sabor de la receta no cambia. Por lo menos estamos todos de acuerdo en el tamaño de la cucharadita.

En el caso de panes, pasteles y galletas, la única área en la que puede haber confusión es cuando se usan huevos, puesto que las proporciones varían. Si tienes una taza medidora de 250ml o de 300ml, utiliza huevos grandes (65g/2¼ oz) y añade un poco más de líquido a la receta para las medidas de tazas de 300ml si crees que es necesario. Utiliza huevos medianos (55g/2oz) con una taza de 8fl oz. Se recomienda usar tazas y cucharas graduadas, las tazas en particular para medir ingredientes secos. No olvides nivelar estos ingredientes para que la cantidad sea exacta.

Medidas inglesas

Todas las medidas son similares a las australianas, pero hay dos excepciones: la taza inglesa mide 300ml/10½ fl oz, mientras que las tazas americana y australiana miden 250ml/8¾ fl oz. La cucharada inglesa mide 14.8ml/½ fl oz y la australiana mide 20ml/¾ fl oz. La medida imperial es de 20fl oz para una pinta, 40fl oz para un cuarto y 160fl oz para un galón.

Medidas americanas

La pinta americana es de 16fl oz, un cuarto mide 32fl oz y un galón americano es de 128fl oz; la cucharada americana es igual a 14.8ml/½ fl oz, la cucharadita mide 5ml/⅙ fl oz. La medida de la taza es de 250ml/ 8¾ fl oz.

Medidas secas

Todas las medidas son niveladas, así que cuando llenes una taza o cuchara nivélala con la orilla de un cuchillo. La siguiente escala es el equivalente para cocinar, no es una conversión exacta del sistema métrico al imperial. Para calcular el equivalente exacto multiplica las onzas por 28.349523 para obtener gramos, o divide 28.349523 para obtener onzas.

Métrico gramos (g), kilogramos (kg)	Imperial onzas (oz), libras (lb)
15g	½oz
20g	⅓oz
30g	1oz
55g	2oz
85g	3oz
115g	4oz/¼ lb
125g	4½oz
140/145g	5oz
170g	6oz
200g	7oz
225g	8oz/½ lb
315g	11oz
340g	12oz/¾ lb
370g	13oz
400g	14oz
425g	15oz
455g	16oz/1 lb
1,000g/1kg	35.3oz/2.2 lb
1.5kg	3.33 lb

Temperaturas del horno

Las temperaturas en grados Centígrados no son exactas, están redondeadas y se dan sólo como guía. Sigue las indicaciones de temperatura del fabricante del horno en relación a la descripción del horno que se da en la receta. Recuerda que los hornos de gas son más calientes en la parte superior; los hornos eléctricos son más calientes en la parte inferior y los hornos con ventilador son más uniformes. Para convertir °C a °F multiplica los °C por 9, divide el resultado entre 5 y súmale 32.

	C°	F°	Gas regulo
Muy ligero	120	250	1
Ligero	150	300	2
Moderadamente ligero	160	325	3
Moderado	180	350	4
Moderadamente caliente	190–200	370–400	5–6
Caliente	210–220	410–440	6–7
Muy caliente	230	450	8
Súper caliente	250–290	475–500	9–10